JEUNES FILLES SOUS INFLUENCE
PROSTITUTION JUVÉNILE ET GANGS DE RUE
de Michel Dorais
avec la collaboration de Patrice Corriveau
est le huit cent vingt-deuxième ouvrage
publié chez
VLB ÉDITEUR
et le vingt-sixième de la collection
« Des hommes et des femmes en changement »
dirigée par Michel Dorais.

Le présent ouvrage a été amorcé à partir de données amassées et analysées dans le cadre de deux modestes contrats de recherche accordés par Justice Canada (années 2004-2005 et 2005-2006) à Michel Dorais, chercheur principal, dans le cadre de ses fonctions à l'Université Laval. Ce projet était une idée originale de Patrice Corriveau, alors analyste principal en droit pénal pour Justice Canada. Le présent texte diffère notablement du rapport de recherche remis au ministère concerné puisque nous avons décidé de poursuivre notre étude et notre analyse durant quelques mois par la suite.

Isabelle Thibodeau a réalisé la majorité des entrevues avec les intervenants sociaux ou communautaires. Denis-Philippe Paradis en a effectué quelques-unes. L'auteur principal a aussi rencontré des jeunes et deux parents. Les entrevues avec les intervenants policiers ont été réalisées par divers membres de l'équipe; leur tâche a grandement été facilitée par Laurent Aubut. La recherche documentaire a profité des contributions d'Isabelle Thibodeau, Denis-Philippe Paradis, Travis Earl et Myriam Dion.

Les organismes qui ont contribué à cette étude en acceptant de nous rencontrer et de partager leurs perceptions des réalités étudiées que les informations disponibles sont identifiés ci-après. Comme certains intervenants préféraient que leur nom n'apparaisse pas dans nos remerciements, nous ne mentionnerons que les organismes auxquels ils appartiennent. Nous tenons donc à remercier chaleureusement les organismes suivants pour leur collaboration: Centre Jeunesse de Québec, Évasion Saint-Pie-X (Québec), Fondation Scorpion et ses partenaires, Hébergement Jeunesse Sainte-Foy, Maison Dauphine (Québec), Maison des jeunes de Val-Bélair, PACT de rue (Montréal), Projet Intervention Prostitution de Québec (PIPQ), Point de repère (Québec), SQAT Basse-Ville (Québec), Viol-Secours (Québec), Service de police de la Ville de Gatineau-Hull, Service de police de la Ville de Montréal, Service de police de la Ville de Québec, Sûreté du Québec.

Un grand merci au Groupe de travail régional sur la prostitution juvénile, sous l'égide du Centre Jeunesse de Québec. Ses participants ont été d'une grande générosité quand est venu le temps de valider nos analyses, en particulier Nathalie Thériault, dont l'expertise et la perspicacité ont été des plus appréciées. Enfin, un merci tout spécial aux jeunes femmes et à leurs proches qui, ayant vécu certaines des réalités ici traitées, ont accepté de partager leur vécu avec les chercheurs ou certains de leurs collaborateurs.

Enfin, la dernière version de cet ouvrage a beaucoup profité des conseils de Robert Laliberté, directeur littéraire chez VLB éditeur.

VLB éditeur bénéficie du soutien de la Société de développement des entreprises culturelles du Québec (SODEC) pour son programme d'édition.

Gouvernement du Québec – Programme de crédit d'impôt pour l'édition de livres – Gestion SODEC.

Nous reconnaissons l'aide financière du gouvernement du Canada par l'entremise du Programme d'aide au développement de l'industrie de l'édition (PADIÉ) pour nos activités d'édition.

Nous remercions le Conseil des Arts du Canada de l'aide accordée à notre programme de publication.

JEUNES FILLES SOUS INFLUENCE

Des mêmes auteurs

De Michel Dorais

Les enfants de la prostitution, avec une collaboration de Denis Ménard, Montréal, VLB éditeur, 1987.
L'homme désemparé, Montréal, VLB éditeur, 1988 ; en traduction portugaise, *O homem desamparado*, São Paulo, Ediçoes Loyola, 1994.
Les lendemains de la révolution sexuelle, Montréal, VLB éditeur, 1990.
Tous les hommes le font. Parcours de la sexualité masculine, Montréal, VLB éditeur, 1991 ; en traduction portugaise, *O erotismo masculino*, São Paulo, Ediçoes Loyola, 1994.
La peur de l'autre en soi, en collaboration avec Daniel Welzer-Lang et Pierre Dutey, Montréal, VLB éditeur, 1994.
La mémoire du désir. Du traumatisme au fantasme, Montréal, VLB éditeur, 1995 ; nouvelle édition, Montréal, Typo, 2004.
Ça arrive aussi aux garçons. L'abus sexuel au masculin, Montréal, VLB éditeur, 1997 ; en version anglaise, *Don't Tell. The Sexual Abuse of Boys*, Montréal et Kingston, McGill-Queen's University Press, 2002.
Éloge de la diversité sexuelle, Montréal, VLB éditeur, 1999.
Mort ou fif. La face cachée du suicide chez les garçons, avec la collaboration de Simon Louis Lajeunesse, Montréal, VLB éditeur, 2000 ; en version anglaise, *Dead Boys Can't Dance. Sexual Orientation, Masculinity, and Suicide*, Montréal et Kingston, McGill-Queen's University Press, 2004.
Travailleurs du sexe, Montréal, VLB éditeur, 2003 ; en version anglaise, *Rent Boys. The World of Male Sex Workers*, Montréal et Kingston, McGill-Queen's University Press, 2005.
Sains et saufs. Petit manuel de lutte contre l'homophobie, avec Éric Verdier, Montréal, VLB éditeur, 2005.

De Patrice Corriveau

Du bûcher à la mairie. Une histoire de la répression des homosexuels en France et au Québec du XVIIe siècle à aujourd'hui, Québec, Septentrion, 2006.

MICHEL DORAIS
avec la collaboration de Patrice Corriveau

JEUNES FILLES SOUS INFLUENCE

Prostitution juvénile et gangs de rue

vlb éditeur

VLB ÉDITEUR
Une division du groupe Ville-Marie Littérature
1010, rue de La Gauchetière Est
Montréal, Québec H2L 2N5
Tél.: (514) 523-1182
Téléc.: (514) 282-7530
Courriel: vml@sogides.com

Maquette de la couverture: François Daxhelet
Photo de la couverture: © Color Day Production/The Image Bank

Catalogage avant publication de Bibliothèque et Archives Canada
Dorais, Michel, 1954-
    Jeunes filles sous influence: prostitution juvénile et gangs de rue
    (Des hommes et des femmes en changement)
    Comprend des réf. bibliogr.
    ISBN-13: 978-2-89005-953-5
    ISBN-10: 2-89005-953-7
    1. Prostitution juvénile - Québec (Province). 2. Prostituées - Québec (Province) - Conditions sociales. 3. Bandes de jeunes - Québec (Province). 4. Gangs - Québec (Province). 5. Prostitution juvénile - Québec (Province) - Québec. I. Corriveau, Patrice, 1974- . II. Titre. III. Collection.
HQ149.Q8D672   2006   306.74'509714   C2006-941007-0

DISTRIBUTEURS EXCLUSIFS:

Pour le Québec, le Canada
et les États-Unis:
LES MESSAGERIES ADP*
955, rue Amherst
Montréal, Québec H2L 3K4
Tél.: (514) 523-1182
Téléc.: (450) 674-6237
*Filiale de Sogides ltée

Pour la Belgique et la France:
Librairie du Québec / DNM
30, rue Gay-Lussac, 75005 Paris
Tél.: 01 43 54 49 02
Téléc.: 01 43 54 39 15
Courriel: direction@librairieduquebec
Site Internet: www.librairieduquebec.fr

Pour la Suisse:
TRANSAT SA
C.P. 3625, 1211 Genève 3
Tél.: 022 342 77 40
Téléc.: 022 343 46 46
Courriel: transat-diff@slatkine.com

Pour en savoir davantage sur nos publications,
visitez notre site: www.edvlb.com
Autres sites à visiter: www.edhexagone.com • www.edtypo.com
www.edjour.com • www.edhomme.com • www.edutilis.com

© VLB ÉDITEUR, Michel Dorais et Patrice Corriveau, 2006
Dépôt légal: 3e trimestre 2006
Bibliothèque et Archives nationale du Québec, 2006
Bibliothèque nationale du Canada
Tous droits réservés pour tous pays
ISBN 10: 2-89005-953-7
ISBN 13: 978-2-89005-953-5

Introduction

Pour un semblant d'amour, pour de l'argent aussitôt envolé, par goût du risque ou de l'aventure, parfois sous la contrainte, de nombreuses adolescentes se retrouvent aujourd'hui entraînées dans la prostitution juvénile. Elles font les beaux jours de plusieurs gangs de rue qui tablent sur le proxénétisme pour en tirer des revenus et même une certaine renommée : prostituer des jeunes filles, ça rapporte gros. Et les nouvelles recrues ne manquent pas.

Pourtant, le phénomène même du proxénétisme demeure un sujet étonnamment absent des études sur les gangs de rue. On peut se demander s'il ne s'agit pas là d'un tabou, du moins pour les chercheurs (car les grands médias, eux, ne se privent pas d'en parler lorsque des affaires de prostitution juvénile reviennent dans l'actualité).

Après le démantèlement au cours des dernières années de quelques réseaux de prostitution juvénile reliés à des gangs, plusieurs questions demeuraient apparemment sans réponse : comment expliquer la présence et l'expansion de gangs de rue ? Quelles caractéristiques de ces gangs rendent à leurs yeux le proxénétisme si attrayant ? Pourquoi tant de jeunes filles tombent-elles dans les filets des gangs de rue à des fins de prostitution ? Pourquoi des jeunes hommes membres de ces gangs exercent-ils autant d'attrait auprès de ces adolescentes ? Existe-t-il des profils types des adolescentes prostituées par ces gangs ? Pourquoi certaines d'entre elles semblent-elles des « victimes consentantes » ? Quelles séquelles subissent-elles ? Pourquoi la prostitution d'adolescentes et de jeunes femmes est-elle devenue une source importante de revenus pour les gangs de rue ? Pourquoi plusieurs activités criminelles autour de la prostitution sont-elles entre les mains des gangs de rue ? Quels sont les rapports de ces derniers avec le crime organisé ? Pourquoi tant de clients recherchent-ils des mineures ? Enfin, pourquoi est-ce si difficile de démanteler ces réseaux et d'identifier leur clientèle ?

C'est à partir de telles questions que nous avons passé en revue la documentation disponible (en français et en anglais), dialogué avec des intervenants (des services sociaux, policiers ou des organismes communautaires) qui luttent contre la prostitution juvénile et les gangs de rue et, dans la mesure du possible, tenu compte de l'expérience de vie même de quelques jeunes concernés ou de leurs proches (une quarantaine de ces personnes ont collaboré avec nous). Notre but était de comprendre la dynamique du phénomène de la prostitution juvénile au sein des gangs de rue. Comment cela se passe-t-il ? Pourquoi cela se passe-t-il de cette façon-là ? Qu'est-ce qui motive les protagonistes en présence, qu'il s'agisse des jeunes proxénètes, des jeunes filles qu'ils prostituent, des clients ou des organisations criminelles, par définition plus «organisées», avec lesquelles les gangs de rue font des affaires afin d'entretenir ce lucratif marché du sexe ?

Précisons d'entrée de jeu que notre enquête ne porte pas sur les gangs de rue comme tels : il existe déjà d'excellents ouvrages sur ce thème, en particulier, en français, celui de Marc Perreault et Gilles Bibeau (2003), *La gang : une chimère à apprivoiser*. Nous voulions très spécifiquement savoir comment fonctionne la prostitution juvénile lorsque cette dernière est initiée ou contrôlée par des gangs de rue. Comme il s'agit d'un phénomène préoccupant, et peut-être en croissance, la pertinence de consacrer une étude exploratoire à ce sujet ne faisait pas de doute.

À mesure que nous amassions les matériaux requis par notre recherche, documentation et entrevues, une grande partie de notre travail a consisté à penser les choses autrement. Il nous fallait trouver les mots et les concepts les plus adéquats pour décrire et analyser les réalités étudiées. Pour ce faire, nous avons eu recours aux lunettes théoriques qui nous semblaient les plus appropriées : une analyse de nature stratégique et une analyse de genre.

L'analyse stratégique consiste à chercher à comprendre les finalités poursuivies par les personnes ou les groupes en présence dans une situation donnée. Ces motivations sont au cœur de l'analyse qui sera proposée ici. La prostitution juvénile transitant par les gangs de rue met en cause des clients, des jeunes filles qu'on leur offre et des garçons qui agissent comme entremetteurs. Fort différentes sont les finalités poursuivies par chacun de ces groupes – et même par chacune des personnes qui les composent. C'est uniquement la prostitution qui rend possible leur rencontre. Le monde des gars de gangs qui deviennent proxénètes, le monde des jeunes filles qu'ils prostituent et l'univers de leurs clients constituent, pourrions-nous dire, des mondes parallèles, des cultures différentes. Et ces cultures, il importe de les comprendre si l'on veut saisir ce qui s'y passe vraiment.

Quant à l'analyse de genre, elle prend en compte le fait que les protagonistes d'une interaction sociale – dans le cas présent, l'exercice de la prostitution juvénile – appartiennent à un sexe et à un genre déterminés, tout en se demandant comment, pourquoi et dans quelle mesure des différences de statuts ou de rôles découlent de cette appartenance. Pourquoi, pour prendre un exemple qui semble évident, ce sont des jeunes hommes, organisés en groupe, qui prostituent des jeunes filles, et non l'inverse ?

Passeront leur chemin les personnes qui attendraient de ce texte des détails scabreux ou des renseignements pouvant servir à identifier des personnes. Dans notre processus même de recherche, toutes les informations nominatives, c'est-à-dire permettant de retracer une personne victime de la prostitution juvénile, un proxénète ou un client, ont été d'emblée écartées. Une enquête sociale, de nature scientifique, n'est pas une enquête de police ni un reportage journalistique. Notre but ultime, rappelons-le, était clair : comprendre comment fonctionne la prostitution juvénile féminine initiée ou organisée par des membres de gangs de rue. Soulignons, enfin, que nos conclusions n'engagent que nous-mêmes et ne reflètent pas forcément les opinions des personnes ou des organismes que nous avons consultés (y compris l'organisme qui a en partie subventionné cette étude).

Qu'est-ce qu'un gang de rue ?
Comment c'est organisé ?

Bien que notre étude ne porte pas comme telle sur les gangs de rue, décrire et expliquer brièvement le phénomène s'impose comme entrée en matière. Il faut cependant préciser que la documentation disponible provient majoritairement des États-Unis. Comme la situation qui prévaut au Canada est fortement influencée par ce qui se vit chez nos voisins du Sud, il était à l'évidence utile de consulter ces sources. Relativement peu de recherches ont été produites au Canada et au Québec sur les gangs de rue. Elles n'en sont que plus précieuses[1].

Dans toutes les grandes villes nord-américaines, l'existence de gangs de rue est attestée depuis des décennies et des décennies, depuis au moins le XIXe siècle (comme un film à succès, *Les gangs de New York,* l'a rappelé). Le titre même d'une étude datant de 1927, *The Gang. A Study of 1,313 Gangs in Chicago* (Trasher, 1927), dit assez l'ampleur qu'avait pris le phénomène dès cette époque, même s'il est vrai que plusieurs de ces gangs, qui comptaient en tout quelque 25 000 jeunes (certains n'avaient que six ans), seraient aujourd'hui plutôt considérés comme des bandes de jeunes, car ils étaient assez peu criminalisés. Tels qu'on les connaît actuellement, ces regroupements d'adolescents et de jeunes adultes, souvent identifiables d'un seul coup d'œil aux couleurs fétiches (le bleu ou le rouge, principalement), logos et « griffes » qu'ils arborent sur leurs vêtements, aux graffitis qui marquent aussi bien leur territoire que leur peau (tatouages), à leur appartenance ethnique et territoriale affirmée et à leurs activités délinquantes, remontent au tout début des années 1980, très précisément dans les villes de Los Angeles et de New York, aux États-Unis. Leur but ? Se défendre contre les agressions des autres, faire de l'argent grâce à des activités plus ou moins illicites, et susciter autour d'eux un certain « respect », fût-ce par intimidation.

Le phénomène des gangs de rue a très rapidement essaimé à travers toute l'Amérique, surtout dans les grandes villes. Plus récemment, des gangs sont partis à la conquête de villes moyennes où le marché de la drogue et de la prostitution, mais aussi le vol et la fraude leur semblaient intéressants à développer. À mesure qu'un gang prend de l'expansion s'impose en effet la conquête de nouveaux territoires à exploiter, banlieues et villes de moindre importance où il y a de l'argent à faire et du pouvoir à gagner. Un intervenant qui les côtoie nous a fait remarquer que le « territoire » d'un gang peut parfois s'entendre dans un sens métaphorique : ainsi, un territoire peut être un champ de compétence dans la délinquance (par exemple, la revente de drogue ou le proxénétisme).

Aucun consensus n'existe en ce qui a trait à la définition d'un gang de rue. Alors que les services policiers mettent plutôt l'accent sur la criminalité et la violence qui le caractérisent, d'autres intervenants sociaux préfèrent considérer les garçons qui le composent avant tout comme des jeunes en difficulté. Le Service de police de la Ville de Montréal définit un gang de rue comme un groupe d'individus, principalement composé d'adolescents ou de jeunes adultes, qui privilégient l'utilisation de la force et de l'intimidation dans le dessein d'accomplir, avec une certaine régularité, des actes criminels à caractère violent[2]. Six critères seraient à considérer pour confirmer la présence d'un gang de rue :

1) une structure plus ou moins organisée ;
2) un leadership identifiable ;
3) un territoire délimité ;
4) une association régulière avec et entre plusieurs délinquants juvéniles ;

5) des buts spécifiques poursuivis par le groupe ;
6) une participation à des activités illégales.

Plus schématiquement, les chercheures Fournier, Cousineau et Hamel (2004) proposent la définition suivante : un « regroupement d'adolescents et/ou de jeunes adultes, ayant un certain niveau d'organisation et qui commet des délits, notamment des délits de violence ».

Comment se situent les gangs de rue par rapport à d'autres types de bandes de jeunes ou de délinquants ? L'équipe de Hamel, Fredette et collaborateurs (1998) identifie différents types de gangs en fonction de leurs niveaux de violence, de criminalité et d'organisation. Ces chercheurs distinguent ainsi six types de gangs :

1) les pseudo-gangs, composés d'adolescents qui s'identifient aux gangs en tentant d'imiter leurs conduites (ce sont plutôt des bandes de jeunes) ;
2) les gangs de territoire, formés d'adolescents préoccupés surtout par des questions de prestige et de protection d'un territoire urbain ;
3) les groupes délinquants, constitués d'adolescents se livrant à des actes de délinquance et de violence, mais à un degré moins élevé que les gangs de rue ;
4) les gangs violents à visée idéologique (par exemple, certains regroupements de skinheads) ;
5) les gangs de rue, composés à la fois d'adolescents et de jeunes adultes qui sont notamment engagés dans des activités illégales, criminelles et violentes ;
6) les organisations criminelles, qui impliquent des jeunes et des adultes formant des groupes structurés, hiérarchisés et relativement stables, lesquels ont des activités criminelles orientées vers un gain économique rapide.

Cette dernière typologie offre l'avantage de situer les gangs de rue parmi les autres types de regroupements avec lesquels on pourrait parfois les confondre.

Plusieurs auteurs et intervenants notent toutefois que la violence et la criminalité ne constituent pas l'essentiel des activités quotidiennes de la plupart des gangs de rue, lesquelles se caractérisent aussi par le flânage et l'oisiveté. Seul un faible pourcentage des jeunes membres de gangs de rue aboutiraient à une criminalité sévère et soutenue. Le chercheur Marc Perreault (2005) résume très bien le sentiment d'une majorité d'intervenants que nous avons rencontrés lorsqu'il écrit : « Faire partie de la gang, c'est accepter de s'identifier à un certain niveau de violence, même si, au début, on peut très bien ne pas être tout à fait conscient des implications graves liées à cette violence. »

L'essor des gangs de rue, tels que nous les connaissons aujourd'hui au Québec, date d'une vingtaine d'années, lorsque ces groupes ont commencé à devenir plus importants, plus visibles et surtout plus dérangeants pour les autorités et les citoyens. Avec le temps, les jeunes d'hier ont grandi ; certains membres de gangs sont aujourd'hui dans la quarantaine ou même la cinquantaine. La « vie facile », éloignée de toute routine et centrée sur l'instant présent qu'ils ont connue adolescents ou jeunes adultes grâce aux revenus de leurs méfaits, ces hommes n'ont jamais cessé de vouloir la poursuivre. Certains d'entre eux sont devenus des criminels expérimentés, capables de rivaliser avec les hommes des mafias non seulement sur le plan des affaires, mais aussi sur le plan de la violence qu'ils sont prêts à déployer. Maurice Cusson (2005) fait remarquer que, la plupart du temps, « où les gangs sévissent, leurs membres sont les premiers responsables de la violence criminelle de l'endroit ».

Selon les autorités policières, les effectifs des gangs de rue ont quadruplé en douze ou quinze ans au Québec, suivant en cela une tendance nord-américaine. Hormis leurs activités disons plus « traditionnelles », les gangs ont pris le contrôle de certains bars et restaurants du centre-ville de Montréal, par exemple, et ont fait sentir leur présence menaçante (notamment par l'intimidation) dans des endroits publics tels que le métro. Si les experts s'entendent pour dire qu'il n'y a pas plus de gangs qu'auparavant en nombre absolu, en revanche leurs effectifs respectifs ont sensiblement augmenté. Les gangs attirent un nombre croissant de jeunes, dont l'âge est de plus en plus précoce – il n'est pas rare que des jeunes adhèrent à un gang dès 10, 11 ou 12 ans et qu'ils rivalisent alors pour y faire leur place (le racket en milieu scolaire qu'on appelle le taxage, par exemple, débute de plus en plus tôt).

Les experts décrivent le plus souvent l'organisation des gangs de rue à partir de l'image de trois cercles concentriques[3]. Le «noyau dur» regroupe les leaders, ceux qui prennent les décisions. Ces derniers adoptent en général un surnom qui indique leur ascendant et leur autorité (par exemple «King», «Chef», etc.). Suivent, dans ce que l'on appelle le «noyau mou» ou «noyau élargi», les membres associés ou affiliés. Puis viennent les membres périphériques et les jeunes aspirants, c'est-à-dire des sympathisants ou des membres en devenir. Ils composent un dernier cercle, ainsi que le montre le schéma qui suit.

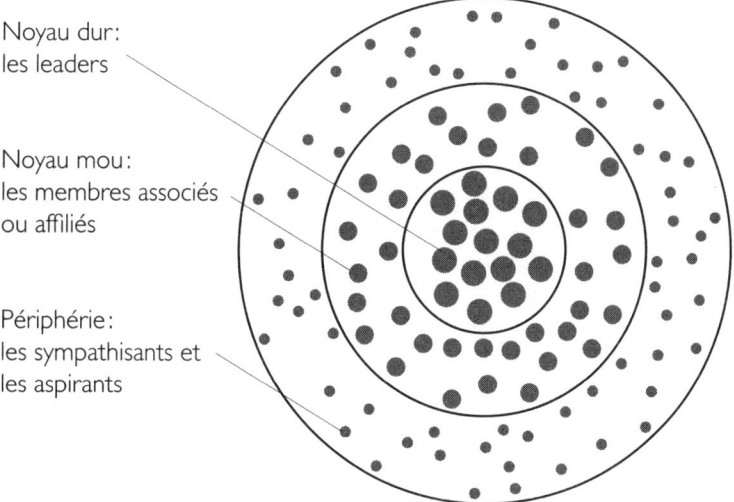

Noyau dur: les leaders

Noyau mou: les membres associés ou affiliés

Périphérie: les sympathisants et les aspirants

Le centre, ou le «noyau dur», représenterait environ de 10 à 15 % des membres d'un gang. Ce sont les leaders, ceux qui décident du fonctionnement et des activités du groupe, les plus violents et les plus criminalisés de tous, en général. Ils assurent la pérennité du gang et son bon fonctionnement.

Le cercle suivant, juste en dehors du centre, est composé approximativement de 30 à 40 % des membres. Ces jeunes s'identifient volontiers au gang mais n'y consacrent pas, comme les précédents, la totalité de leurs activités. Ils sont associés au gang, mais n'ont guère de contrôle sur celui-ci. Ils sont généralement moins criminalisés, mais ils peuvent venir à la rescousse de leurs leaders au besoin. À titre d'associés, ils demeurent relativement « indépendants » ; ils n'entretiennent en fait que des liens circonstanciels avec les membres du noyau dur. N'étant pas au centre du gang, ces associés interagissent parfois avec plusieurs groupes en même temps sans que cela ne leur porte préjudice. Ils peuvent, par conséquent, servir de négociateurs dans les conflits entre gangs ou d'intermédiaires pour l'achat d'armes et de stupéfiants.

Les membres « en périphérie » de ces deux cercles composent un troisième niveau, le plus important en nombre (de 45 à 60 % ou plus des membres du gang). Les jeunes dans cette catégorie présentent une plus faible affiliation, occasionnelle en fait, au gang. On pourrait les appeler les « sympathisants ». Parmi eux se retrouvent aussi de tout jeunes aspirants. Ils sont attirés par le gang en raison du statut qu'il procure. Cet aspect est souvent sous-estimé dans les études. Pourtant, toutes les données disponibles confirment l'importance que les jeunes attachent au fait d'être identifiés comme membres de tel ou tel gang. Cette appartenance représente pour eux une forme de réussite sociale. Elle leur permet d'imposer le respect, voire la crainte, et même de provoquer une certaine envie chez leurs pairs. C'est d'ailleurs pourquoi les jeunes exhibent si fièrement les couleurs du gang. Néanmoins, leur participation reste irrégulière et leur identification, moins déterminante que pour leurs confrères des deux catégories précédentes.

Dans le présent ouvrage, où nous nous intéressons surtout au proxénétisme des gangs de rue, notons que ce phénomène concerne en général les leaders et, à une moins grande échelle, les membres associés. Ici comme ailleurs, plus c'est payant, plus ce sont les chefs qui tiennent la caisse.

Quelles sont les motivations des garçons qui se joignent à un gang de rue?

On s'est beaucoup interrogé sur les motivations des garçons qui adhèrent à des gangs de rue et sur les fonctions de ces regroupements. On ne peut ignorer deux faits qui sautent aux yeux. D'abord, les gangs sont en très grande partie composés de jeunes provenant de quartiers pauvres, de milieux défavorisés. Leur situation les encouragerait à s'orienter, faute de mieux, vers la recherche de revenus rapides, souvent illicites. De surcroît, ils proviennent généralement de communautés ayant vécu, ayant l'impression de vivre ou vivant encore de la discrimination et de l'exclusion en raison de leurs origines sociales, ethniques ou de la couleur de leur peau.

À l'origine, les gangs étaient des regroupements d'adolescents ou de jeunes adultes qui se formaient sur la base de leur appartenance ethnique ou territoriale. La raison première de ces rassemblements de jeunes était de se protéger contre le racisme ou la xénophobie dont ils se sentaient victimes. Ces jeunes étaient le plus souvent en difficulté d'intégration sociale, en raison de leur pauvreté, d'un contexte familial problématique et de la discrimination qu'ils subissaient. Certains connaissaient aussi des problèmes d'adaptation liés à l'immigration plus ou moins récente de leurs parents.

Aujourd'hui encore, le gang se constitue sur une base élective. Ses membres ont le sentiment d'éprouver les mêmes problèmes personnels, familiaux, scolaires ou relationnels (par exemple, la discrimination, le chômage, des perspectives d'emploi peu valorisantes). En dépit des dangers que ses activités peuvent comporter, le gang représente un gage de sécurité, un milieu de référence, un facteur de protection contre un monde extérieur estimé, à tort ou à raison, incertain, insécurisant, voire menaçant. Avant de générer lui-même de la violence ou de l'exclusion, le gang naît de la peur de la violence et de l'exclusion anticipées par ses membres. Ce dernier point est déterminant pour comprendre la facilité des gangs à recruter de nouveaux membres. De plus, la possibilité de retirer des avantages de l'appartenance à un gang joue un rôle central dans l'adhésion des jeunes hommes. Appartenir à un gang, c'est très souvent la seule façon possible, de leur point de vue, d'accéder à un certain statut face à leurs pairs et dans leur milieu de vie. C'est le meilleur moyen de gagner du « respect » et, le cas échéant, de l'argent en quantité, et rapidement, lorsque toutes les autres avenues semblent bloquées, sans parler des filles…

La composante ethnique de nombreux gangs de rue ne relève pas du hasard ; ce n'est pas faire montre de racisme ou de xénophobie que de le constater. C'est, au contraire, accepter de voir certains effets du racisme et de la xénophobie. Des jeunes issus de l'immigration ont vu leurs parents et leurs proches trimer dur, sans nécessairement obtenir les résultats ou les succès escomptés. La grande difficulté pour plusieurs immigrants de faire reconnaître leurs compétences et leurs diplômes, par exemple, entrave leur intégration et leur réussite. La discrimination qui frappe même ceux qui réussissent à l'école incite un certain nombre de jeunes à délaisser cette voie, à penser qu'ils ne seront jamais intégrés au marché de l'emploi. De là à emprunter quelques raccourcis pour se faire une place au soleil, il n'y a qu'un pas : l'appartenance à un gang et la participation à des activités délinquantes, fort lucratives, voilà en apparence une bonne « solution » pour nombre de jeunes désœuvrés. Si, au Québec, les gangs les plus connus sont composés de jeunes d'origine antillaise – haïtienne et jamaïcaine en particulier –, il existe aussi des gangs regroupant des jeunes d'origine latino-américaine, arabe ou asiatique. Cela nous permet de souligner qu'aucun groupe ethnique n'a le monopole des gangs de rue, qui accueillent aussi des jeunes Québécois dits « de souche » dans leurs rangs.

Les chercheurs Perreault et Bibeau (2003) soulignent à grands traits les nombreuses difficultés inhérentes au processus d'immigration (même sur plus d'une génération) qui incitent certains jeunes à adhérer à des gangs. Ils identifient notamment la désunion familiale et le décalage entre les valeurs de la société d'accueil et celles de la culture d'origine. Plusieurs parents désireux d'éduquer leurs enfants selon les principes de leur culture d'origine se buteraient ainsi à la résistance et à la désobéissance des jeunes, qui aspirent d'abord et avant tout à s'intégrer à leur société d'adoption. Bref, les adolescents adhérant aux gangs de rue proviennent d'un milieu familial auquel ils ne veulent pas ou plus s'identifier. Le niveau de vie même de leurs parents présente aux yeux de ces jeunes peu de perspectives d'une vie meilleure (y compris sur le plan des biens matériels, du pouvoir et de l'argent, alors que la société de consommation n'a de cesse de solliciter ces jeunes). Ces derniers se retrouvent donc à la recherche de modèles masculins, de héros, de gagnants. Or, le gang semble le lieu par excellence où trouver ce qui manque à ces garçons : des gars plus âgés qui ont de l'argent, du succès auprès des filles et qui imposent apparemment du « respect », non seulement aux leurs mais à toute la société environnante.

En raison des manques qu'il vise à combler, le gang en arrive à constituer une véritable sous-culture d'identification masculine. Il est le lieu par excellence de valorisation de la virilité, où de jeunes garçons croient découvrir ce que c'est qu'être un homme, ou comment le devenir, en apprenant à susciter le respect, en prouvant à tous leur endurance physique, en montrant une certaine insensibilité émotionnelle, en étant très actifs sexuellement et, enfin, en rejetant à divers degrés l'autorité parentale ou institutionnelle. Le gang devient vite la seconde famille, celle que l'on choisit, à laquelle on s'identifie avec fierté. S'afficher comme membre d'un gang, c'est montrer son pouvoir. C'est pourquoi on ne soulignera jamais assez combien l'appartenance à un gang peut être source d'estime de soi pour des jeunes qui expérimentent ou craignent le rejet, dont les expériences de vie, en particulier dans la famille et à l'école, ont été peu valorisantes : ils ont l'impression enfin qu'ils comptent vraiment quelque part.

Il n'est pas exagéré de dire que la fonction des gangs pour leurs membres, très majoritairement de sexe masculin, est véritablement de les rassurer et de les valoriser, et cela, de diverses façons :

– confirmer leur *identité de genre* (« Je suis un homme », donc « Je ne suis pas une femme, une femmelette, une tapette ou une poule mouillée »), en se sentant solidaires et complices d'autres jeunes hommes, à la fois pairs et modèles, et aussi en faisant montre de leur résistance physique, de leurs prouesses sexuelles avec les filles qu'ils séduisent et qui seront « prêtes à tout » pour eux, et, bien sûr, de leurs activités délinquantes, de leurs « bons coups » ;

– affirmer leur *identité érotique,* laquelle se manifeste par une hétérosexualité ostentatoire[4]. Être entouré du plus grand nombre de jolies filles possible pour épater la galerie est un must. Les clips des chanteurs de hip-hop, qui se font souvent les chantres du monde des gangs, nous le rappellent constamment : la figure de la jeune femme objet sexuel, ou carrément prostituée, y triomphe. Le fait d'être populaire auprès de la gent féminine valorise beaucoup ces jeunes hommes, qui ne sont pas en cela différents des autres. La jeunesse et la beauté sont les caractéristiques féminines les plus recherchées par la plupart des hommes. Dans le cas de garçons provenant de groupes ethniques économiquement défavorisés, montrer qu'ils sont capables de plaire aux plus belles filles apparaît comme LE signe évident de leur réussite : ils arrivent à être en compétition avec tous les autres hommes, y compris les gagnants et les plus séduisants. Il faut dire que le fait d'être un « gars de gang » signifie souvent être un héros aux yeux de nombreuses jeunes filles. Pour un garçon, quelles que soient par ailleurs ses qualités et son apparence, l'appartenance à un gang décuple les possibilités d'avoir des relations sexuelles avec des jeunes filles attirantes ;

– générer une *identité de groupe*: «Je suis fier de faire partie de la gang des X, reconnue pour ses faits d'armes.» Cette identité peut être rendue encore plus nécessaire par le fait que, devant la montée du phénomène, plusieurs garçons ressentent le besoin de se protéger des autres gangs en devenant eux-mêmes membres d'un gang. Ce dernier apporte ainsi un sentiment de sécurité: on n'est plus seul, on est solidaire et on le montre (du moins on a cette impression, car le gang peut être, simultanément, un lieu de luttes de pouvoir, surtout chez ceux qui aspirent à en être les leaders);

– instaurer une *identité sociale ou géographique*, la plupart des gangs contrôlant, ou visant à contrôler, des zones urbaines très déterminées: par exemple, un quartier, le trajet d'une ligne d'autobus, un parc, un centre commercial, ou encore un type d'activités illicites dans un secteur donné. Les gangs marquent leur territoire par des signes visibles: des graffitis, des couleurs, des objets fétiches placés bien en vue. Malheur à ceux d'un autre gang qui ne tiendraient pas compte de ces avertissements (que le commun des mortels ignore ou ne voit tout simplement pas, la plupart du temps);

– renforcer leur *identité ethnique ou communautaire*, dans bien des cas, cela afin de contrebalancer le rejet social ou du moins le sentiment de discrimination et d'exclusion que la plupart de ces jeunes vivent, ressentent ou anticipent;

– enfin, le gang peut être source de revenus, d'argent vite gagné (notamment par la commission de délits comme le vol, la vente de drogue, le proxénétisme, le taxage, etc.), procurant ainsi une *identité de consommateur* satisfait, impossible à atteindre autrement, du moins si rapidement. Ces jeunes, surtout les leaders, aiment accumuler les signes de réussite que sont dans leur esprit les vêtements griffés, les bijoux, les voitures de luxe, les sorties au spectacle et au resto, etc. La recherche de plaisirs immédiats, que l'on dit caractéristique de l'adolescence, est particulièrement forte chez les membres de gangs de rue.

On peut dire que le gang génère un ordre nouveau, sécurisant, pour ses membres, du moins dans un premier temps. Car il existe aussi l'éventualité, toujours minimisée par la personne, il est vrai, de se faire prendre lors de la commission d'un délit, d'être arrêté et condamné, d'être victime d'un gang concurrent, de se retrouver abandonné par ses pairs, à cause de bévues ou de luttes intestines, livré à soi-même et à ses ennemis. Mais ce n'est jamais à ces revers de fortune que songe le jeune qui adhère à un gang. Pour lui, le gang, c'est la vie rêvée. Par ici l'argent et les jolies filles !

Comment devient-on membre d'un gang de rue ? Quelle place y occupent les filles ?

Le gang est d'emblée un milieu de socialisation et d'identification viriles. C'est un lieu de passage dans le sens initiatique du terme : on va y « monter en grade », on va y apprendre à être un homme – du moins selon ce qu'on croit être un homme – et surtout à susciter le « respect ». Le rituel initiatique même des gangs, bien qu'il varie d'un groupe à un autre, consistera le plus souvent à commettre un acte « viril » de violence à l'égard d'un ennemi (agression) ou d'une institution civile (vol avec dommages) ou encore à se laisser tabasser sans se plaindre par des membres du gang (ce rite d'initiation porte le nom de *punching initiation* ou PI[5]). Par la souffrance corporelle subie ou offerte, le rite d'initiation sert à confirmer à l'ensemble du groupe la virilité de la recrue, qui ne craint pas de souffrir pour le gang. La douleur endurée est une preuve de loyauté et de complicité. Enfin, la recrue devient ainsi apte à faire subir à son tour cette violence à toute personne qu'elle devra intimider : ceux qui ont subi la violence seraient plus à même de savoir l'infliger…

L'endurance physique, la démonstration de sa force, la performance sexuelle, le rejet de l'autorité et de ses lois ou institutions, la capacité d'influencer et de dominer les autres, ce sont là quelques caractéristiques auxquelles aspirent les garçons de gangs de rue. D'autant plus que la rue, *l'extérieur*, ce qui est public donc, est précisément vue comme le lieu par excellence de l'affirmation virile, contrairement à la maison, *l'intérieur*, l'espace privé, qui demeure le lieu de l'expression féminine, du moins ainsi que le conçoit en général notre culture.

Dans les gangs, seuls comptent vraiment les garçons et l'expression de leur virilité (ou du moins ce qu'ils perçoivent comme telle). La loyauté au gang suppose que chacun de ses membres lui soit redevable, lui appartienne littéralement, corps et âme. C'est pourquoi l'initiation des garçons comporte si souvent un déni de leur corps au profit du gang : on est prêt à souffrir aux mains mêmes de ses collègues, en endurant leurs coups, pour montrer non seulement que l'on est résistant, mais aussi que notre corps et notre douleur appartiennent au gang. C'est une microsociété principalement homosociale.

Même si le désir pour les filles est très valorisé, le mépris affiché à leur endroit demeure la règle. Il serait mal vu par ses pairs qu'un gars de gang refuse de « partager » une petite amie avec ses copains. Quelques-uns, nous a-t-on dit, font l'impossible pour retarder les « présentations officielles ». Ils ne savent que trop bien ce qui attend la jeune fille : le *gang bang*, qui scelle le pacte de complicité entre les gars d'un gang. Qu'est-ce qu'un *gang bang* ? Rien de moins qu'un viol collectif, où la petite amie du moment d'un garçon est plus ou moins forcée d'avoir des rapports sexuels avec plusieurs membres du gang, presque simultanément. C'est un rituel typique des gangs qui encouragent le proxénétisme et la prostitution juvénile. Pour décrire ce type de pratiques, certains auteurs américains adoptent plutôt les termes *sex-in* (nom en général réservé au *gang bang* initial, car il peut y en avoir plusieurs) ou *roll-in* (dans ce dernier cas, la jeune femme doit lancer un dé pour déterminer le nombre de partenaires sexuels qu'elle devra satisfaire dans les instants qui suivent). Il importe de distinguer le *gang bang* des relations sexuelles de groupe ou des orgies, qui ne présentent pas les mêmes aspects coercitifs, violents et, en un certain sens, initiatiques pour les filles (et, jusqu'à un certain point, pour le garçon qui doit livrer au groupe sa petite amie, puisqu'il arrive qu'un garçon, fût-il proxénète, éprouve quelque sentiment pour une de ses protégées). Cela peut, sous certains aspects, ressembler à ce que des auteurs français appellent les « tournantes », bien que le rôle des tournantes soit plutôt de punir et d'humilier une jeune femme jugée trop libre ou non conformiste. Dans le cas du *gang bang*, il s'agit plutôt de conditionner une jeune fille à ce qui l'attend dans la prostitution (ce qui n'exclut pas, bien sûr, qu'elle se sente aussi punie et humiliée).

Le *gang bang* peut par ailleurs être vu comme une façon détournée pour ces jeunes hommes de connaître entre eux un rapprochement sensuel (fût-ce par voyeurisme), en partageant la même fille, en général à l'intérieur de la même pièce et dans un temps relativement court, au vu et au su bien souvent des autres membres du groupe. Parce que le *gang bang* sert aussi pour les garçons à faire valoir leur virilité sur les plans physique et symbolique, virilité qui impliquerait, selon eux, à la fois un impétueux désir pour les femmes et une insensibilité affective manifeste à leur endroit (ce qui permet de les traiter comme des objets).

Les rites que sont le tabassage consenti et le *gang bang* sont des façons de marquer à jamais le corps des garçons et des filles qui gravitent autour des gangs. Cela prolonge en fait la logique de marquage du territoire si chère aux gangs de rue. Les signes extérieurs d'identification à un gang (bijoux, vêtements, accessoires, tatouages) ne vont en réalité que parachever une appartenance déjà inscrite beaucoup plus profondément et plus intimement dans le corps. Surtout, le *gang bang* vient rappeler aux hommes qui y participent et aux femmes qui le subissent la hiérarchie sociale, sexuelle et de genre, qui existe au sein du gang. Le *gang bang* marque l'appropriation d'une fille par plusieurs membres du gang, appropriation à laquelle ni elle ni son petit ami ne peuvent se soustraire, si telle est la volonté des leaders.

Dans un gang qui entend exploiter les jeunes filles, les garçons doivent vite apprendre à se désensibiliser face à ces dernières, même quand ils éprouvent envers elles des sentiments amoureux. Dans l'idéologie des gangs de rue, l'amour ou l'exclusivité sexuelle sont des fadaises. Pour les garçons, la participation à des *gang bangs* fait partie de la désensibilisation affective qui rendra possible l'apprentissage – qui ne va pas de soi – du métier de proxénète. Quand on a vu ses pairs, et en particulier ceux que l'on admire le plus, les leaders, traiter les filles comme des esclaves sexuelles, obligées de se soumettre aux caprices des gars, on entend faire comme eux, question d'arriver à montrer que l'on est aussi fort, aussi insensible, aussi dominant (le mimétisme, est-il besoin de le souligner, joue un rôle déterminant dans les gangs de rue). Par exemple, nous avons appris au cours de notre enquête que certains garçons qui laissaient de l'argent aux jeunes filles qu'ils prostituaient se sont vus ridiculisés et méprisés : un vrai membre de gang ramasse tout l'argent des filles qu'il prostitue. Du point de vue de la plupart des membres de gangs, il faut être un faiblard pour se laisser attendrir en acceptant de partager ses gains… et avec une fille en plus !

En somme, le gang, c'est un monde de gars, pensé, créé et géré par eux. Ils se mesurent les uns aux autres afin de montrer qui est le plus fort, le plus intimidant, le plus susceptible de créer autour de lui une zone de «respect» et d'admiration. Car c'est ultimement par sa capacité d'intimidation qu'un gang va finir par imposer sa loi : d'abord à ses propres membres, ensuite à ceux et celles qu'il entend contrôler, puis, au besoin, à ses ennemis et à la population qui l'entoure. Le garçon marginalisé, qui avait peur, devient ainsi celui qui inspire la peur. La boucle est bouclée et le processus, hélas, se reproduit de lui-même : qui ne veut pas être chassé devient chasseur.

Contrairement à ce qui se dessine aux États-Unis, où de plus en plus de filles font partie de gangs et forment même des gangs autonomes, le gang demeure au Québec – tous les intervenants le disent – un phénomène typiquement masculin : bien que certaines filles puissent être des sympathisantes[6], elles restent dans le cercle le plus éloigné du pouvoir. Parmi les raisons invoquées pour expliquer cette implication limitée des filles dans les gangs de rue, outre le machisme traditionnel des garçons qui en sont membres, certains chercheurs émettent l'hypothèse d'un contrôle familial plus rigoureux à leur égard et d'une socialisation qui se produit davantage dans l'espace privé qu'à l'extérieur, dans la rue. Un contrôle parental accru des adolescentes viendrait restreindre les occasions pour les jeunes filles de se joindre à un gang. D'autres croient que la faible évaluation du nombre de filles dans les gangs de rue s'explique par la réticence des forces de l'ordre à les identifier comme membres actifs. Mais cette perception serait en train de changer. Des jeunes filles sont aujourd'hui plus facilement identifiées, puis traitées comme membres de gang, comme délinquantes, receleuses ou complices de fraudes et de vols, par exemple, ou encore dans le recrutement d'autres filles pour la prostitution. Ces cas seraient de plus en plus fréquents.

Des jeunes filles collaborent en effet à certains délits. Elles servent souvent à déjouer les autorités civiles ou policières, dans des crimes tels que le blanchiment d'argent, l'utilisation de fausse monnaie, de cartes de crédit volées, le transfert de véhicules volés, les petits larcins, etc., bref dans des crimes où c'est la dissimulation qui compte et non l'intimidation, la force, la violence (même si bien des filles n'ont pas de leçons à recevoir des gars à ce chapitre). En général, si elles participent à des coups, c'est comme simples complices exécutantes et elles demeurent sous la protection d'un leader. Peu de filles deviennent membres à part entière des gangs de rue, à égalité avec les garçons. Lorsque la chose se produit, elles sont plutôt perçues et traitées, sur le plan du genre, comme des garçons. Elles doivent, par exemple, subir la même initiation, y compris se laisser tabasser sans se plaindre ou se bagarrer avec des filles de gangs rivaux. Fait à noter : lors de ces batailles entre filles, le motif déclencheur est souvent une atteinte à la « réputation sexuelle ». En effet, une jeune fille qui aspire à devenir membre du groupe attachera beaucoup d'importance à sa réputation sexuelle, car il s'avère essentiel de s'assurer qu'elle ne sera pas perçue par les garçons comme un simple objet sexuel ou, pire, « comme une pute ».

Comment les gangs de rue recrutent-ils des adolescentes pour la prostitution ?

Il n'existe guère de consensus en ce qui a trait à la nature de la prostitution en général : certains veulent y voir un métier comme un autre, d'autres la considèrent comme un abus et une violence, même entre adultes consentants. Nous ne referons pas ce débat ici. Même les plus farouches partisans de la prostitution adulte s'entendent sur une chose : plus qu'un échange de services sexuels contre rétribution, la prostitution juvénile implique une forme d'exploitation. L'idée même d'un consentement éclairé ne peut être admise[7]. Ainsi, alors que l'âge de consentement sexuel est de 14 ans au Canada (au moment d'écrire ces lignes), il s'élève à 18 ans en matière de prostitution. Il est exclu que la prostitution juvénile puisse être un choix personnel libre et éclairé, fait en toute connaissance de ses conséquences.

En particulier lorsqu'il est question des gangs de rue impliqués dans le marché du sexe, la fausse représentation, le chantage, les pressions amoureuses ou matérielles et la coercition font souvent partie des stratégies utilisées pour piéger les jeunes filles. Même celles qui voulaient initialement faire de l'argent, obtenir du pouvoir, ressentir des sensations fortes, s'amuser et devenir plus autonomes déchantent plus ou moins rapidement. La plupart auraient souhaité trouver d'autres solutions aux problèmes ou aux besoins qui les ont rendues prêtes à se prostituer. Car la prostitution rapporte en général assez peu aux jeunes filles qui fournissent les services sexuels. Quel que soit le nom qu'il se donne, qu'il se désigne comme petit ami ou gérant, le proxénète pour qui travaille la fille finira par empocher le gros du magot – et, dans bien des cas, la totalité.

Là où il y a des adolescentes, il y a de bonnes chances qu'il y ait de jeunes proxénètes, ou encore d'autres jeunes filles déjà sous la coupe de ces derniers, à l'affût de nouvelles recrues. Les écoles (publiques ou privées), les centres d'accueil, les grands centres commerciaux, les terminus d'autobus, les gares, les salles de loisirs et de spectacles, les arcades de jeux électroniques, les parcs, certains lieux de compétition sportives, certains restaurants et bars sont des endroits privilégiés pour effectuer ce recrutement. En somme, tous les lieux d'errance, de flânage ou de plaisir sont propices pour trouver des jeunes filles à la recherche de quelqu'un qui va les prendre en charge et leur payer du « bon temps ». Certains réseaux sont en mesure de recueillir une jeune fugueuse dès les premières heures de sa fuite et de lui proposer un hébergement qui lui semblera particulièrement bienvenu. Comme les fugueuses se retrouvent souvent démunies et sans ressources, elles sont des cibles de prédilection pour les réseaux de prostitution, qui connaissent très bien les endroits où se ramassent les jeunes en désarroi.

Il est difficile de déterminer l'âge moyen d'entrée dans la prostitution dirigée par des gangs de rue. Les intervenants sociaux ou les policiers qui travaillent dans ce milieu mentionnent que les proxénètes de gangs recrutent en général des adolescentes de 14 ans et plus. Plusieurs affirment néanmoins que le repérage des candidates se fait de plus en plus tôt, parfois dès la fin de l'école primaire. En encourageant de très jeunes filles à participer à des jeux sexuels (souvent axés sur la fellation), qui leur sont présentés comme anodins, des garçons arrivent à les désinhiber sur le plan sexuel. Donner du plaisir à des garçons, qu'elles en aient ou non elles-mêmes, devient normal. Ces jeunes filles seront moins effarouchées lorsque, plus tard, on leur demandera davantage, y compris de joindre le marché du sexe.

Des décennies de féminisme n'ont rien changé au fait que de nombreuses jeunes filles entendent encore aujourd'hui se définir essentiellement par leurs charmes et le désir qu'elles suscitent. Or, le grand jeu de la séduction est précisément la stratégie numéro un des garçons des gangs de rue pour enrôler des adolescentes qu'ils vont par la suite prostituer, de gré ou de force. Étourdir leur proie en tablant sur son insécurité, son besoin de reconnaissance et sa dépendance affective, c'est pour ces don Juan un jeu d'enfant. C'est ce qu'on appelle le *love bombing*, littéralement le bombardement amoureux destiné à démolir toute résistance chez les jeunes filles ciblées. L'apitoiement, le chantage émotif, la menace même, le temps venu, parachèveront le travail. Après avoir « tout donné », selon lui, le proxénète saura exploiter la relation pseudo-amoureuse qu'il a tissée. Graduellement, le séducteur devient exigeant, parfois violent. Toutes les adolescentes rêvent que leur cœur appartienne à un garçon. Dans ce cas-ci, c'est essentiellement leur corps qui est en jeu, et pour une raison très simple : sa valeur marchande.

Pour appâter des jeunes filles, quelques approches semblent communes. La première est assez simple : un garçon ou, mieux, un groupe de garçons va se pavaner en faisant étalage de sa capacité à dépenser de l'argent, à faire la fête en permanence. Certains d'entre eux se vantent d'être associés à des groupes de rap ou de hip-hop – fussent-ils pour l'instant méconnus. C'est grâce à leur charisme que ces proxénètes gagnent graduellement de l'ascendant sur les jeunes filles : rarement sont-elles entraînées dans la prostitution par la menace. Au contraire, c'est l'attrait irrésistible qu'exercent ces garçons et leur style de vie qui les font succomber. De leur propre aveu, certaines jeunes filles seraient tout particulièrement attirées par le style *bad* des gars de gangs.

La cible idéale est une fille plus jeune que le garçon, impressionnable et de fait impressionnée par les apparences et, si possible, en état de vulnérabilité, en raison de problèmes personnels, scolaires ou familiaux. Pour que la fréquentation d'un membre de gang de rue puis, éventuellement, la participation à des activités de prostitution apparaissent aux yeux d'une adolescente comme une « solution », il faut en effet qu'elle éprouve un problème auquel puisse répondre ladite solution. Un garçon auquel elle se montre réceptive va vite jouer un rôle d'initiateur au monde du gang. Le processus débute généralement par une surgratification de la jeune fille. Le garçon, son futur proxénète, lui donne des bijoux et des vêtements, l'invite au restaurant, au cinéma, à des matchs sportifs, dans les « partys » du gang, où l'alcool et certains stupéfiants sont offerts généreusement. Par son intégration à un nouveau cercle d'amis, la jeune fille est amenée à partager la culture du gang. C'est alors comme une lune de miel entre la jeune et son petit ami et ses pairs. Elle a l'impression de recevoir beaucoup, non seulement sur le plan matériel mais aussi sur le plan de l'attention qu'on lui accorde.

Des jeunes filles que nous avons interrogées ont souligné l'insistance, la persistance et l'efficacité des gars de gang dans leur approche de séduction. « Je me sentais la fille la plus importante au monde », dit l'une d'elles. « Quand t'es une ado, c'est rare qu'un gars va te faire la cour comme un de ces gars-là peut le faire. Il te téléphone toutes les heures, il dit qu'il s'ennuie de toi, qu'il ne pense qu'à toi, que les autres filles n'existent pas ; ça t'impressionne. » Ça déstabilise surtout et ça fait tomber des résistances. « Il m'a eue à l'usure, à force de me faire des compliments », nous dira une jeune femme qui a fini par accepter de se prostituer pour aider son amoureux qui, à ses dires, se trouvait soudain « mal pris ».

Certains gangs utilisent ce que l'on pourrait appeler la stratégie du « démolir pour reconstruire ». Une fois qu'ils ont identifié une faiblesse ou une faille chez une fille, ils vont l'exploiter au maximum. Par exemple, si une jeune fille se trouve un peu trop enveloppée, on va, en groupe, la taquiner sur son poids, faire à répétition des remarques sur sa taille, de façon à miner son estime d'elle-même. C'est alors que va entrer en jeu son « sauveur », un petit ami attitré qui deviendra son proxénète. Suivant un scénario prédéterminé, ce garçon va se rapprocher de la jeune fille en lui disant qu'elle lui plaît beaucoup, que lui la trouve jolie, que, si elle veut tout de même maigrir, il est prêt à s'entraîner avec elle, à l'aider à suivre un régime, etc. En jouant ainsi le « bon gars » qui sait, lui, l'apprécier, le garçon amènera la jeune fille à lui faire confiance, à le trouver « pas comme les autres », bref à tomber follement amoureuse de lui.

Les jeunes proxénètes deviennent vite experts pour déceler la vulnérabilité des jeunes filles afin de les rendre malléables, influençables. C'est le désir de se sentir « aimées » qui fait tomber ces adolescentes sous l'emprise des gangs de rue et qui les y maintient. À cela s'ajoute l'admiration que les jeunes filles vouent aux garçons du gang, à la vie à la fois facile et trépidante qu'ils semblent mener. Aussi longtemps que la jeune fille croit à sa prétendue relation amoureuse et qu'elle adhère aux valeurs du gang, elle reste sous son pouvoir. Beaucoup de ces jeunes filles en viennent à percevoir leurs activités de prostitution comme des preuves d'amour à l'endroit de leur proxénète.

Il faut dire qu'une certaine « mise en forme » psychologique et idéologique se met en place dès que le garçon gagne en pouvoir sur l'adolescente qu'il a ciblée. On lui fait d'abord miroiter une vie belle et autonome, encourageant ainsi l'éloignement ou la rupture avec sa famille et son milieu d'origine. Vient ensuite l'endettement pour des achats de drogue et de biens de consommation (vêtements, bijoux, etc.) que la jeune fille avait pris pour des cadeaux. Dans bien des cas, son nouveau petit ami va faire miroiter à la jeune fille des projets à plus long terme : partir en voyage, avoir un bel appartement, se marier, fonder une famille même. Mais ces rêves vont plutôt tourner au cauchemar.

Dans un premier temps, la jeune fille que l'on destine à la prostitution se retrouve isolée de sa famille (psychologiquement ou physiquement), entourée ou recueillie (certaines sont déjà en fugue ou sont encouragées à se sauver de chez elles ou d'un centre d'accueil), traitée comme une princesse durant quelques semaines, le temps de la mettre en confiance, avant qu'elle ne doive finalement « payer la facture ». Parce que c'est à cela qu'aboutira la stratégie de son futur proxénète. Le baratin de ce dernier est tout écrit d'avance : comme il n'a plus d'argent, elle doit faire sa part, le rembourser même pour les frais encourus durant ces dernières semaines. « Je t'aime, fais ce que je te dis, fais-le pour moi », lui dictera plus ou moins subtilement son soupirant. Or, la danse nue ou la prostitution, comme par hasard, se présente comme le moyen tout désigné pour ce faire. « Après tout ce qu'il a fait pour moi, je lui dois bien ça », se dira l'adolescente afin de se justifier à ses propres yeux de faire ainsi ses premiers pas dans la prostitution. Le sentiment de malaise, voire de culpabilité, entretenu par la jeune fille qui a « tout reçu » fait merveille pour les gangs de rue.

Dès que possible, son nouveau petit ami va tout faire pour désinhiber la jeune fille, de façon à ce qu'une sexualité non transitive, en général le lot des relations de prostitution, lui apparaisse comme normale. Par exemple, le garçon va l'inciter à participer à des jeux érotiques lors de partys (faire un strip-tease, participer à une séance de *wet T-shirts*, embrasser et caresser d'autres filles ou d'autres garçons), à avoir des relations sexuelles avec « un bon chum » en peine d'amour, qui demande à être consolé, puis avec quelques collègues lors d'une soirée bien arrosée en alcool et bien approvisionnée en drogue. Cela aboutira parfois au *gang bang* dont nous avons précédemment parlé.

Un *gang bang* peut se dérouler de bien des façons et dans des contextes différents. Une jeune raconte son expérience : « Mon ex m'a dit : "On va chez des chums." Arrivés là, y avait tout un groupe de garçons, en train de boire. Ils lui ont demandé [à l'ex-ami] d'aller chercher quelque chose, de la bière je pense. Aussitôt qu'il est sorti, les gars ont commencé à me toucher, à me demander de me déshabiller, à dire qu'ils aimeraient ça "m'essayer", que c'était OK pour tout le monde. Je savais pas quoi faire. Je me suis laissé faire. Avec mon ex, on a jamais reparlé de ça. » Une autre se rappelle que l'amie qui lui avait fait connaître le gang lui a dit : « Il va y avoir un party et tu vas être initiée. On passe toutes par là pour être acceptées. T'as qu'à faire ce que les gars te demandent pour passer le test, si tu veux pas avoir l'air d'une niaiseuse. » C'est ainsi que des jeunes filles sont amenées à avoir des relations sexuelles qu'elles ne désirent pas avec des garçons qu'elles ne désirent pas, cela sans se considérer comme violentées, du moins à ce moment-là, le *gang bang* étant présenté comme quelque chose de normal.

Ce fameux *gang bang*, viol collectif destiné à « initier » la jeune fille à une sexualité non désirée, non transitive, et à lui enseigner la soumission au désir de tous les hommes, joue un rôle déterminant dans sa « mise en condition » finale pour la prostitution. Après une telle épreuve, plusieurs jeunes filles se retrouvent désensibilisées face à la sexualité, voire complètement détachées de leur corps : elles sont prêtes à accepter tout ce que le client leur demandera et aussi à « en faire » plusieurs de suite. C'est qu'elles sont désormais déjà « passées par là ». Chez nombre de filles, la seule crainte de cette « initiation » (qui, de fait, ne se produit pas dans tous les cas ; sa seule éventualité peut suffire à intimider) leur fait accepter ce qui leur paraît un moindre mal : avoir des relations sexuelles non désirées avec quelques membres du gang, puis faire des clients sans rechigner.

À vrai dire, tant les chercheurs que les intervenants du milieu ne s'entendent pas sur l'ampleur du phénomène *gang bang* : est-ce une activité courante, systématique même ? La plupart des témoignages que nous avons entendus vont plutôt dans ce sens. Mais chaque gang a vraisemblablement ses « traditions ». Faire la lumière sur le *gang bang* est d'autant plus malaisé que beaucoup de jeunes femmes éprouvent de la difficulté à appeler « viol » ce qui en était assurément un. Selon la spécialiste américaine Jody Miller (2001), il est difficile d'évaluer l'importance du *gang bang* (qu'elle nomme le *sex-in*) car, bien que toutes les répondantes de ses recherches aient confirmé l'existence d'une telle pratique initiatique, aucune n'a admis l'avoir subie… En sont-elles venues à adopter le point de vue de ceux qui ont abusé d'elles et qui leur ont présenté la chose comme un jeu, comme une initiation, comme un incontournable ? La chercheure Michelle Côté (2004) mentionne que les adolescentes rencontrées lors d'enquêtes policières à Montréal ne rapportent pas le *gang bang* comme une agression sexuelle, même lorsqu'elles l'ont vécu. Elles prétendent plutôt qu'elles étaient consentantes à ce supposé rituel d'initiation. S'ajoute à cela un tabou persistant parmi les jeunes filles gravitant autour d'un gang de rue ; admettre avoir subi un *gang bang*, c'est reconnaître avoir un statut peu enviable aux yeux des gars du gang, celui de « la fille sur qui tout le monde est passé ». De même, plusieurs jeunes filles sont réticentes à appeler « prostitution » les activités qu'elles ont pratiquées ; tout au plus était-ce à leurs yeux du sexe de survie, c'est-à-dire une sexualité contrainte par les nécessités du moment. Il peut être difficile de regarder les choses en face quand cela remet en cause l'idée même que la personne a d'elle-même.

Comment se fait-il que les garçons de gangs attirent autant les jeunes filles, et si facilement ? Surtout, comment les pièges des membres de gangs s'adonnant au proxénétisme peuvent-ils encore être efficaces alors que leur façon de procéder est de plus en plus connue des jeunes filles[8] ?

N'ayant pas le sentiment d'avoir dans leur milieu de vie toute l'attention ou les privilèges qu'elles méritent, beaucoup de jeunes filles sont des plus vulnérables à tout beau parleur qui leur fera miroiter l'amour, la « belle vie facile », la fête continue, bref ce dont elles rêvent depuis qu'elles sont toutes petites. Elles ne demandent qu'à croire qu'elles sont séduisantes, intéressantes, qu'elles sont élues enfin par quelqu'un qui, de surcroît, prendra soin d'elles. La jeune fille qui se sent dévalorisée chez elle ou à l'école ou, pire encore, qui est déjà en rupture avec son milieu, en fugue par exemple, présente une vulnérabilité évidente. Les membres de gangs de rue, à mesure qu'ils gagnent en expérience dans la prostitution de jeunes filles, savent reconnaître ce profil, parfait pour eux. Une fille désemparée ou peu sûre d'elle va s'attacher rapidement et durablement à toute personne qui semblera lui tendre la main – même si c'est pour finalement abuser d'elle.

Mais, dira-t-on, les jeunes filles ne sont pas idiotes ! En effet, mais nombre d'entre elles sont en mal d'être, en attente que quelque chose arrive enfin dans leur vie en apparence si monotone, si peu *glamour*, remplie de problèmes. Elles ne demandent qu'à croire en leur bonne étoile. Dans une culture du « tout, tout de suite », où l'on cultive (notamment à la télé aux heures de grande écoute) le mythe de la célébrité, de la beauté et de la richesse instantanées, comment blâmer une jeune femme de vouloir croire que son rêve se réalise ?

Il y a plus. Alors que le gang sert aux garçons à affirmer une virilité axée sur l'intimidation, la violence, la domination et le contrôle des autres, être une « fille de gars de gang » peut représenter, pour certaines, un gage de féminité. Être au bras d'un membre important de gang, par exemple, paraît valorisant. C'est en quelque sorte gagner en statut social, surtout quand on ne voit guère d'autres façons de se distinguer, de sortir du rang. C'est partager l'aura de ce garçon et de son gang, rehaussant ainsi sa propre importance. Pour des jeunes femmes dévalorisées à leurs propres yeux, et parfois aussi aux yeux de leurs proches, cela représente une ascension inespérée. On les trouve jolies, sexy, attirantes, on leur donne de l'attention et des cadeaux comme elles n'en espéraient pas. Même quand elles se retrouveront peu après, malgré elles, dans la prostitution, les manipulations émotives de leur proxénète et l'attention de leurs clients leur procureront encore l'illusion qu'elles savent séduire, qu'elles ont un je-ne-sais-quoi que les autres n'ont pas. Les proxénètes jouent d'ailleurs beaucoup sur cette concurrence entre filles : tantôt on complimente la jeune fille sur ses charmes, tantôt on lui fait sentir que, comparée à telle autre, elle en a perdu et qu'elle n'a donc qu'à bien se tenir…

En cultivant la rivalité des unes vis-à-vis des autres, par des remarques désobligeantes (« T'es grosse, t'es vieille, t'es laide »), leurs proxénètes s'assurent d'un moyen de contrôle efficace et peu coûteux. Il y a rarement une réelle amitié entre les filles : conditionnées par leur proxénète, elles feraient tout pour rester ou rentrer dans ses grâces. Peu d'empathie ou de sympathie entre consœurs, même les plus mal prises, voilà la règle plutôt que l'exception. Chacune songe à sauver sa peau, à préserver le peu de pouvoir qu'il lui reste. En résultent un grand isolement intérieur et un profond sentiment de solitude, ce dont plusieurs témoignent après coup. Or, plus une jeune est isolée, plus elle est manipulable et facile à intimider.

Une fois mises sur le marché du sexe, les jeunes filles rapportent en peu de temps plus qu'elles ne sauraient l'imaginer, même si dans la plupart des cas elles ne voient guère la couleur de cet argent, retenu par leur protecteur (qu'il se qualifie de petit ami ou de « gérant », le résultat est le même). Ce dernier prétend que cet argent paie des dépenses ou des dettes communes ou, mieux, qu'il est mis de côté pour des projets futurs, y compris des projets de couple. C'est évidemment faux, mais les jeunes filles y croient, un temps. Même dans le cas où un certain pourcentage des recettes revient à la jeune femme, son protecteur va faire l'impossible pour contrôler son compte bancaire, s'assurant qu'elle ne touche pas sans permission à l'argent qu'elle a mis de côté. De sorte que d'une façon ou d'une autre les filles ne touchent guère à leur revenu, contrôlé ou empoché par leur proxénète. Un stratagème souvent utilisé consiste à convaincre la jeune fille que le fait d'avoir beaucoup d'argent sur elle ou à la banque va attirer les soupçons de ses proches ou des autorités, et qu'il vaudrait mieux qu'elle laisse son petit ami ou gérant «administrer» cet argent. Ce qu'elle ne réalise pas, ou pas encore, est que cette «gérance» va lui coûter très cher – la majorité de ses gains – et que le petit ami en question est aussi celui de deux ou trois filles et plus, à qui il raconte la même histoire. C'est comme cela que les proxénètes montent leurs affaires. À quelques milliers de dollars par semaine chacune, une dizaine de filles peuvent, théoriquement, rendre un jeune homme millionnaire en un an, selon certains intervenants sociaux ou policiers.

Comme la drogue cesse en général d'être fournie gratuitement une fois que la jeune femme est prostituée – ce serait considéré comme du gaspillage –, il est très facile de reprendre en vente de drogue le peu d'argent qui lui restera, le cas échéant. Pas étonnant que des jeunes filles qui ont rapporté des fortunes se retrouvent, des années plus tard, sans le sou. Certaines ne s'en étonnent même pas, tellement on leur a entré dans la tête qu'elles «devaient» cet argent, qu'il n'était pas vraiment à elles. Une jeune fille rencontrée dans le cadre de notre étude nous a dit qu'elle avait plus d'argent depuis qu'elle travaillait au salaire minimum que lorsqu'elle se prostituait, puisqu'elle donnait alors presque tout son argent à son petit ami. Elle notait que les proxénètes ne font rien pour mériter le titre de «gérant» que certains se donnent très officiellement, si ce n'est de passer quelques coups de fil pour «placer» la fille – ce qu'elle pourrait aisément faire elle-même.

Il n'est pas rare qu'une jeune fille va considérer comme des cadeaux ce que son petit ami lui achète à même les gains qu'elle a réalisés. Le lavage de cerveau qu'il lui fait subir, en lui disant et redisant tous les jours qu'elle a besoin de lui et qu'il fait tout pour elle, produit ses effets. Celui qui touche l'argent de la prostitution devient, dans la tête même de la jeune femme, celui à qui appartient légitimement cet argent.

Divers stratagèmes existent pour plumer les jeunes femmes sans qu'elles s'en rendent compte. Au moment d'écrire ces lignes, un «contrat type» circule dans certains milieux à l'intention de jeunes danseuses nues recrutées par les gangs: à la lecture dudit contrat, texte écrit dans un langage pseudo-juridique, il s'avère que les chances pour la jeune femme de faire quelque argent avec son « travail » semblent bien minces… De toutes les façons possibles, ses gains vont dans les poches de son « gérant », c'est-à-dire de son proxénète. Tous les moyens sont bons pour que ce dernier mette la main sur les gains de sa « protégée ».

Une autre forme de recrutement pour les gangs de rue consiste à inciter les jeunes filles déjà actives dans un réseau de prostitution à convaincre de leurs amies, connaissances ou camarades de classe – car certaines continuent d'aller à l'école pour ne pas attirer l'attention de leur famille sur leurs activités clandestines – de rencontrer un ou plusieurs membres du gang s'intéressant à elles. Les centres d'accueil hébergeant des adolescentes en difficulté sont des lieux privilégiés pour ce type de recrutement : la vulnérabilité des filles qui s'y trouvent est souvent manifeste. Leur désir de prendre leurs distances d'avec leur famille, leur envie de fuguer, parfois aussi leur manque de confiance en elles, en font des recrues de choix pour les proxénètes. Aussi, ces derniers ont-ils intérêt à ce que des jeunes filles déjà en centre d'accueil fassent tomber leurs consœurs dans leurs filets. Les noms et numéros de téléphone de « bons gars » prêts à aider des filles en fugue se refilent volontiers entre jeunes filles d'un même centre d'accueil. Avec les résultats que l'on sait : un certain nombre d'entre elles, en dépit de toutes les mises en garde, se précipitent dès leur sortie dans les bras de membres de gangs de rue.

Cela dit, répétons-le, ce n'est pas avec la prostitution que l'on attire ces jeunes filles : beaucoup de jeunes mal aimées sont prêtes à tout pour obtenir l'amour ou l'admiration d'un garçon. C'est par la séduction et la promesse d'une vie meilleure qu'elles se retrouveront piégées. Ce qui n'empêche pas, nous allons le voir bientôt, qu'il existe différentes motivations chez les jeunes filles qui se retrouvent dans la prostitution sous l'influence de membres de gangs de rue.

Quels sont les profils types des adolescentes prostituées par les gangs ?

Tenter de catégoriser des personnes ou des conduites n'est jamais aisé : chacune des jeunes filles qui se retrouvent dans la prostitution sous le joug de gangs de rue est à la fois semblable et différente de ses collègues. Néanmoins, quatre profils ont graduellement émergé quand nous avons tenté de comprendre comment pensent, agissent et sont influencées les jeunes femmes que des gangs de rue enrôlent dans des activités de prostitution. Nous les appellerons respectivement les *soumises*, les *esclaves sexuelles*, les *aventureuses* et les *indépendantes*.

Ce sont les motifs à l'origine de leur prostitution qui permettent de distinguer entre elles les jeunes filles entraînées dans cette activité par des gangs de rue. Les finalités poursuivies par la jeune fille – ou par son proxénète – vont en effet orienter non seulement sa conduite, mais aussi déterminer son statut dans les réseaux de prostitution. La recherche d'amour et la dépendance affective qui peut en découler, la recherche de revenus faciles ou la recherche de sensations fortes et d'aventure reviennent, à des degrés divers, dans l'histoire de vie de la plupart des jeunes filles piégées par les gangs. Si l'on ajoute que certaines d'entre elles n'ont plus du tout la capacité de décider par elles-mêmes, ayant été réduites à l'état d'esclaves sexuelles, on a ici les quatre mobiles le plus souvent invoqués par les jeunes filles ou par les intervenants qui les côtoient pour expliquer comment et pourquoi elles se sont retrouvées dans la prostitution : par amour, par attrait du gain, par goût du risque, ou sous la contrainte. On notera que ces éléments ne s'excluent pas les uns les autres : ils peuvent se retrouver à des degrés divers, et à des moments différents, dans l'histoire d'une même adolescente.

Le premier profil que nous avons établi est sans doute le plus courant. Ce sont des filles jeunes, qui ont entre 13 et 16 ans, relativement naïves ou influençables, avec une faible estime d'elles-mêmes, venant généralement d'un milieu familial où elles ne sont pas heureuses. En demande affective et par conséquent susceptibles de devenir rapidement dépendantes sur le plan émotif, ce sont des proies toutes désignées pour un jeune proxénète car elles ne se rebelleront guère, même lorsque le piège préparé à leur intention se refermera sur elles. Aussi, nous les nommons les *soumises*.

La jeune fille chez laquelle on identifie ce profil n'anticipe pas du tout le dérapage de l'histoire d'amour qu'elle croyait vivre au départ. En acceptant de faire tout ce que lui demande le garçon prétendument amoureux d'elle, la *soumise* se retrouve bientôt, à peine le temps de s'en apercevoir, traitée comme un objet, quand ce n'est pas carrément et systématiquement violentée.

Des jeunes filles rapportent en effet qu'elles ont été victimes de violence de la part de leur « chum » quand elles ont commencé à le contrarier : « Il disait qu'il aimait pas être contredit, qu'il avait pas l'habitude de ça, qu'il était toujours respecté. » Autre scénario : la jeune fille raconte que son petit ami s'est débarrassé d'elle en disant que, pour payer leurs dettes, il n'avait d'autre choix que de la vendre ! Alors qu'elle se croyait dans une histoire d'amour, elle se retrouve rapidement dans tout autre chose, qui ressemble fort à de l'esclavage sexuel au profit de celui à qui elle s'est donnée sans méfiance, et à qui elle « appartient » désormais.

Il lui faudra essuyer bien des avanies avant qu'elle n'entreprenne de se libérer de son ou de ses souteneurs (certaines filles ayant plusieurs souteneurs, dans des endroits et à des moments différents). D'abord, elle a peur du garçon et de son gang, et elle a en général de bons motifs d'avoir peur, ayant été témoin de leur violence. Ensuite, la manipulation affective dont elle a été l'objet l'empêche de développer un sens critique face à ce qu'elle vit. Pour regagner l'amour ou l'estime du garçon qu'elle aime, ou du moins en avoir l'impression, la jeune femme va accepter d'obéir à ses ordres, quels qu'ils soient. C'est alors qu'on peut lui imposer un statut encore plus déshumanisant.

Une fois entièrement dominées, certaines jeunes filles qui ont d'abord été des *soumises* en arrivent à avoir un statut d'*esclaves sexuelles* pour leurs proxénètes et le gang de ces derniers. Elles ne peuvent se retrouver en plus mauvaise position, car leur sort ne leur appartient alors plus du tout. Traumatisées par ce qu'elles ont vécu, apeurées, pour ne pas dire terrorisées par l'éventualité d'être battues ou violées, elles ne sont plus que des zombies, sans volonté propre. Les filles perçues comme faisant partie, et de façon permanente, de la catégorie des *esclaves sexuelles* n'ont plus le rang d'êtres humains pour leurs proxénètes. Ce sont des choses, leur chose, et ils les traitent sans aucun égard. Une fois qu'une fille est tombée à ce niveau, il lui est difficilement possible de s'en sortir parce qu'elle n'a guère le courage qu'il lui faudrait. Tout ce qui compte, c'est ce qu'elle rapporte. Elle va subir les pires traitements que l'on peut connaître dans la prostitution, ce qui n'est pas peu dire. Alors qu'elle était déjà parmi les plus vulnérables à tous égards, elle se retrouve complètement démolie, sans estime d'elle-même, sous le pouvoir des hommes, proxénètes ou clients, qui se servent d'elle.

Témoin de ce que vivaient certaines de ses consœurs, une jeune femme qui s'en est sortie raconte : « Il y en avait qui étaient bien plus basses que moi, qui ne voient même pas ce qui se passe autour d'elles, qui ne pensent pas. Ces filles-là, je pense qu'elles s'en sortiront jamais. Tant qu'il y aura un gars pour profiter d'elles, elles vont rester là sans se poser de questions. »

Quel que soit son degré, la soumission est plus facile à obtenir de la part de jeunes filles déjà fragilisées par les aléas de la vie. Plusieurs études ont mis l'accent sur le fait que la violence familiale ou sexuelle vécue durant l'enfance fait souvent partie intégrante de l'histoire des jeunes filles affiliées aux gangs de rue à des fins de prostitution[9]. Les études consacrées aux femmes adultes qui se prostituent sont plus divisées : certaines affirment que ces femmes ne diffèrent guère des autres femmes, alors que d'autres ont détecté chez elles un lourd passé de victimisation[10].

La mise en dépendance à certaines drogues – quand ce problème n'est pas déjà présent – constitue aussi un moyen efficace de contrôler une jeune fille et de la rendre « prête à tout », y compris à se prostituer, pour ne pas affronter le manque. De plus, beaucoup de jeunes filles arrivent difficilement à faire des clients « à jeun », c'est-à-dire sans alcool ni drogue. Paradoxalement, une fois la fille asservie à la prostitution, la consommation de drogue, jugée trop coûteuse, lui sera interdite – ou très contrôlée – par son proxénète. Cette privation fera en sorte que la jeune fille voudra s'échapper ou garder pour elle l'argent donné par le client, ce qui lui est généralement proscrit, sous peine d'être punie.

Fort différent de celui des filles que nous avons appelées les *soumises* ou les *esclaves sexuelles* est le profil des *aventureuses*. Ce sont des jeunes femmes en général plus âgées et plus aguerries que les précédentes. On pourrait dire qu'elles sont des « victimes actives », plutôt que passives, parce c'est de leur propre chef qu'elles vont vers les gars de gangs dans le but de faire de l'argent avec la prostitution. Car, contrairement aux précédentes, elles touchent un certain pourcentage de leurs gains, pourcentage qui peut varier d'une fille à une autre ou d'un gang à un autre. Elles proviennent en général de milieux moins démunis, parfois très aisés même, et se perçoivent elles-mêmes comme des partenaires affiliées au gang (ce qu'elles ne seront jamais véritablement, mais elles ne le savent pas encore). La recherche d'argent rapidement gagné et d'une vie « excitante », supposément facile et autonome, les motive davantage que la recherche d'un amant ; c'est pourquoi il n'est pas nécessaire de mettre en place pour elles le piège du supposé prétendant amoureux. « Je vais me ramasser assez d'argent, puis je vais arrêter », « Tant que je vais triper là-dedans, je vais y retourner », voilà des propos qui reviennent comme des leitmotive chez elles. Contrairement aux précédentes aussi, elles sont au fait de ce qui les attend dans la prostitution (du moins, c'est ce qu'elles croient). Même les aspects risqués de la chose les attirent : la recherche de sensations fortes, le défi de faire de la prostitution, un goût certain pour l'aventure les encouragent à explorer ce monde-là.

L'*aventureuse* cherche à se sentir femme adulte, supérieure sur tous les plans à ses consœurs du même âge. Sa relation à l'argent et aux biens de consommation[11], l'entretien de sa beauté et de sa faculté de séduction, un irrésistible attrait pour la fête, voilà, la plupart du temps, des choses importantes pour elle, et elle ne s'en cache pas. Il arrive aussi qu'une coûteuse consommation de drogue s'ajoute à ce tableau. Cette jeune femme voit donc dans la prostitution une solution à ses problèmes matériels et une façon de remédier à l'impression qu'elle avait de mener une vie ennuyeuse, sans éclat. Pour elle, l'entrée dans la prostitution peut se comparer à l'exercice d'un sport extrême chez d'autres jeunes : on sait que ça peut être risqué, que c'est dangereux, qu'on peut en sortir amoché, mais c'est justement ce qui rend la chose excitante… À la limite, la prostitution est perçue comme un jeu, fût-ce avec le feu. Parmi les jeunes filles impliquées dans les réseaux démantelés à Québec lors de l'enquête Scorpion, par exemple, certaines avaient été encouragées par leurs amies à «essayer ça», afin de vivre des sensations fortes, de faire «comme les autres», de montrer qu'elles aussi ne reculaient devant rien. «Puis, tant qu'à faire l'amour, pourquoi ne pas le faire pour de l'argent?» C'est du moins la logique qui prévaut dans ce milieu afin de banaliser la chose.

Souvent, c'est par l'entremise d'une amie ou d'une connaissance que ces jeunes *aventureuses* sont présentées à des membres de gangs de rue. La visibilité même des gangs et le contrôle de territoires qu'ils exercent facilitent cette prise de contact. Il est simple pour une jeune fille de communiquer avec des membres de gangs : on sait où ils se tiennent et on connaît les activités auxquelles ils s'adonnent. Ils sont beaucoup plus faciles à joindre que les membres du crime organisé, par exemple, qui agissent généralement en circuit fermé. Les membres de gangs sont déjà présents dans les écoles, les lieux de loisirs, de sport et de consommation qui attirent les jeunes. Dans les quartiers centraux ou défavorisés de plusieurs villes, on les croise au quotidien. Plus : ils font partie du quotidien. Et ils ne se gênent pas pour se faire voir et connaître.

L'*aventureuse* croit, à tort, qu'elle va savoir tirer parti de sa prostitution sans séquelles ni contrecoups. Elle s'estime suffisamment prémunie contre les manigances du gang pour s'en protéger. Elle s'imagine même qu'elle va devenir membre à part entière du gang – ce qui n'arrive que rarement, on l'a déjà dit, les gangs étant monosexués au masculin, et plutôt machistes. Elle croit surtout qu'elle saura se montrer plus futée que les autres, plus forte que l'engrenage dans lequel elle s'engage de plein gré. Bref, l'*aventureuse* pense qu'elle peut, elle, se servir du gang pour arriver à ses fins, plutôt que l'inverse. C'est une téméraire, qui a le goût du risque. Cela l'amène à minimiser le fait que l'on sort rarement indemne des griffes d'un gang de rue, surtout quand on « rapporte ». Car, si elle est jolie, populaire auprès des clients, le gang ou du moins certains de ses membres vont faire l'impossible pour qu'elle devienne elle aussi une *soumise*. Et si on accepte de la laisser libre, en comparaison de ses consœurs soumises ou considérées comme des esclaves sexuelles, cette liberté devra se mériter. La jeune fille ainsi « protégée » devra, par exemple, être bonne rabatteuse de nouvelles recrues, participer à des petits délits, faire du blanchiment d'argent, écouler de faux billets, etc. Ce qu'elle ne réalise pas, ou pas encore, c'est que de telles activités créent un lien de complicité ; elle pourra ainsi plus aisément être ramenée à l'ordre, voire être victime de menaces et de chantage, lorsqu'elle tentera de se défiler…

On nous a dit que plus une jeune fille était belle et attirante, plus on lui accordait une certaine marge de manœuvre (par exemple, recevoir un bon pourcentage sur ses gains ou pouvoir faire partie d'autres réseaux que ceux entretenus par le gang). Les filles auxquelles on concède une certaine indépendance l'obtiennent, en grande partie, par leur pouvoir d'attraction et de séduction, tant auprès des gars du gang qu'auprès des clients. Comme c'est surtout l'apparence physique qui est prise en compte dans le milieu des gangs de rue, une fille à qui l'on donne une note parfaite de ce point de vue peut donc avoir un certain pouvoir de négociation, si l'on peut dire.

Les filles chez qui le plus haut niveau d'indépendance est permis, nous les avons appelées les *indépendantes*. Sous-groupe qui se détache de celui des aventureuses, ce sont des adolescentes qui fréquentent les gars de gangs tout en conservant le maximum d'autonomie possible. Il n'est pas sûr, soulignons-le encore une fois, qu'une telle chose perdure.

Des problèmes financiers, une dépendance (accrue) aux drogues, une histoire d'amour dont elle ne se méfie pas, et l'indépendante d'hier deviendra malgré elle soumise au gang et à ses lois. À l'opportunisme des *aventureuses* et des *indépendantes* s'oppose l'opportunisme du gang et de ses membres. Et le combat risque d'être inégal, les gars de gangs étant souvent devenus des experts pour déceler les faiblesses chez les autres.

Les jeunes filles que l'on qualifie d'*indépendantes* racontent que la prostitution demeure pour elles un moyen de gagner de l'argent facilement et rapidement, et uniquement quand elles en ont besoin. Elles perçoivent le gang comme une source de bonnes affaires, un moyen utile de se faire des «contacts». La prostitution n'est pas le seul expédient possible pour elles: elles peuvent aussi participer, sans trop se commettre, à des délits, fût-ce comme informatrice, appât ou guetteur. N'étant pas associées de près à un gang déterminé, ces jeunes filles jouent parfois à l'espionne dans les situations de rivalité entre gangs adverses.

En somme, les profils des jeunes filles utilisées à des fins de prostitution par les gangs de rue se situent sur un continuum semblable à celui qui a servi à décrire les membres de gangs eux-mêmes, ainsi que l'illustre le schéma suivant.

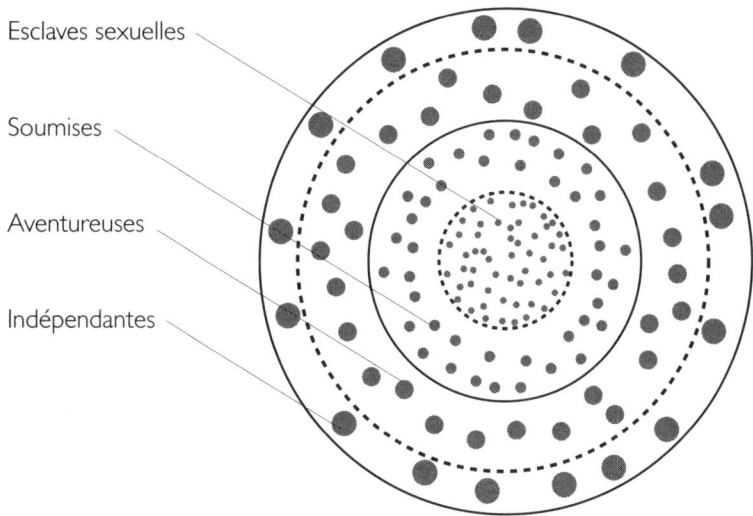

Au centre du cercle, nous retrouvons celles que nous avons appelées les *soumises*, entrées dans la prostitution par amour et dont un certain nombre deviendront graduellement des *esclaves sexuelles*, prostituées à plein temps, sans qu'on leur demande leur avis. Elles auront alors perdu tout pouvoir sur leur propre vie. C'est pourquoi elles occupent la position la plus centrale en termes de victimisation. On trouve ensuite, plus à l'extérieur, les *aventureuses*, qui conservent en général une certaine liberté d'action parce qu'elles sont d'emblée consentantes, du moins d'après ce qu'elles connaissent de la prostitution. Contrairement aux précédentes, elles ont souvent droit à une part de leurs gains et sont valorisées par les leaders du gang si en plus elles se font rabatteuses afin de réapprovisionner le réseau en chair fraîche. Enfin, en périphérie, celles que nous appelons les *indépendantes* conservent en apparence toute leur liberté, bien qu'elles acceptent, au besoin ou sur demande, de « rendre service » à des membres du gang, y compris par des activités de prostitution qui leur rapportent alors autant qu'au gang, avec lequel elles ont essentiellement une relation d'affaires.

Effectuant la synthèse de ce que nous venons de décrire, le tableau suivant reprend quant à lui les mobiles, très présents (++), présents (+), peu présents (-) ou absents (- -), chez les différents groupes de jeunes filles qui se retrouvent dans la prostitution juvénile par le biais des gangs de rue. Répétons, si besoin était, que ces profils ne sont pas forcément exclusifs, le vécu d'une jeune fille pouvant tenir de plus d'un profil. En outre, comme sa situation est susceptible de changer, une même adolescente peut passer, parfois en peu de temps, d'un statut à un autre.

On remarquera que la recherche d'amour amenant la dépendance affective au proxénète, puis la coercition exercée par ce dernier jouent un rôle déterminant, bien qu'à des degrés divers, chez les *soumises* et les *esclaves sexuelles*. L'argent qu'elles vont chercher par la prostitution, elles ne le voient guère, ou pas du tout. Alors que chez les *aventureuses* et les *indépendantes*, c'est la recherche d'argent, mais aussi de sensations fortes ou d'aventure qui l'emporte dans leur dynamique (ce qui ne signifie pas qu'elles n'aient pas à subir de

Mobiles	Esclaves sexuelles	Soumises	Aventureuses	Indépendantes
Par amour	+	++	−	− −
Pour l'argent	− −	−	+	++
Sous la coercition	++	+	−	− −
Pour l'aventure	− −	−	++	+

coercition, mais certainement pas au même degré). Ressort ainsi de notre analyse un tableau nuancé, et même contrasté, des jeunes filles présentes dans la prostitution juvénile gérée par les gangs de rue. Il ne fait toutefois nul doute que, de ces quatre profils, les *soumises*, et leur sous-groupe que constituent les *esclaves sexuelles*, sont les plus nombreuses. Les *aventureuses* et les *indépendantes* sont plus rares et leur statut peut s'avérer précaire, si elles n'y prennent garde, puisqu'il serait plus avantageux pour le gang de les rabaisser au niveau de leurs consœurs. Dans tous les cas, ces jeunes filles jouent avec le feu. Les gangs sont des endroits dangereux, et pour les garçons qui les composent, et pour les filles qui les côtoient.

Dans quel type de prostitution opèrent les gangs de rue ?

Tous les gangs de rue ne donnent pas dans le proxénétisme. Plusieurs recherches affirment toutefois que la prostitution juvénile fait désormais partie du « répertoire criminel » courant des gangs de rue[12]. Contrairement à un bien volé ou à de la drogue, une fille peut être louée ou « vendue » un nombre incalculable de fois. C'est pour certains proxénètes un tiroir-caisse ambulant.

Quoique les gangs soient les rois de la rue, assez curieusement la prostitution de rue, pratiquée par des femmes adultes et aussi par certains garçons[13], semble rare chez les mineures prostituées par les gangs. La raison en est simple : ces jeunes filles seraient alors plus faciles à identifier par la police. De surcroît, elles seraient aussi plus difficiles à contrôler dans leurs allées et venues, et dans leurs relations d'affaires avec les clients. Pour un proxénète, ce n'est pas l'idéal. En ce sens, la prostitution juvénile liée aux gangs de rue se distingue de la prostitution de rue adulte, dans laquelle la présence de proxénètes se révèle moins marquée. Plusieurs études montrent en effet que nombre de prostituées adultes dans la rue n'auraient pas de souteneur[14] (ce qui n'exclut pas que certaines femmes sans souteneur paient le groupe criminel qui contrôle leur quartier pour occuper un emplacement donné). Les chercheurs américains Molidor (1996) et Nixon (2002) signalent que la prostitution juvénile féminine est la plus contrainte. La relation jeune fille-proxénète se trouve généralement marquée par la dépendance affective, l'intimidation, l'exploitation, la violence et une liberté de mouvement restreinte. Nos entretiens avec les intervenants sociaux et policiers confirment cet état de fait.

Les secteurs d'activité privilégiés par les proxénètes de gangs de rue sont la danse nue (dans des endroits permettant des activités sexuelles avant, pendant et après le travail ; on les appelle les « bars à gaffe ») et la prostitution par l'entremise des agences d'escortes. Bien que certains intervenants soutiennent que les proxénètes cherchent à éviter les filles mineures qui attirent trop l'attention des autorités policières, d'autres croient exactement le contraire. Les mineures seraient particulièrement recherchées en raison de leur naïveté, de leur plus grande vulnérabilité à la manipulation et à l'intimidation. De fait, dans les réseaux de prostitution juvénile dirigés par les gangs de rue, les filles se retrouvent directement dans des maisons closes, forcément clandestines (qui peuvent être un appartement, une chambre d'hôtel ou de motel, ou encore l'arrière-boutique d'un commerce), où elles sont offertes aux clients. Il arrive, bien sûr, que l'on permette à des jeunes filles de se déplacer à domicile, chez le client, mais à certaines conditions (notamment celle de connaître déjà ce client), car, s'il y a une chose que craint le proxénète, c'est de perdre le contrôle sur « ses » filles.

Ce contrôle est encore plus facile à assurer dans un bar de danseuses (les bars en région, moins fréquemment surveillés, seraient les plus prisés) et au motel ou à la maison de chambres qui le voisine, puisqu'il y a là des gens susceptibles de rapporter aux proxénètes ce qui se passe. La prostitution directement en chambre de motel, d'hôtel ou en appartement est la plus facile à surveiller ; les filles y sont parfois retenues prisonnières selon le bon vouloir de leur proxénète. Ainsi, des filles ont raconté à des intervenants sociaux ou policiers qu'elles avaient été retenues de force, en permanence, 24 heures sur 24, sept jours sur sept, dans des chambres closes, obligées de satisfaire tout client qui se présentait, plusieurs par jour, sous peine d'être privées de nourriture et battues. Plus l'endroit où la jeune femme se prostitue est privé et clos, plus le proxénète peut garder le contrôle sur elle, et moins la police est susceptible de savoir ce qui s'y passe. Cet isolement accroît les dangers de violence de toute sorte.

Dans le cas de la prostitution de rue ou de la danse nue (et ses à-côtés, dans les «bars à gaffe»), le client entre en contact directement avec la jeune femme. Un proxénète, ou son représentant désigné (une autre fille ou un complice du gang), garde néanmoins un œil sur elle, moins dans le but de la «protéger» que de vérifier combien elle rapporte. Quand la jeune fille travaille plutôt dans une maison close ou encore à partir d'une agence d'escortes, c'est par contact téléphonique que se prennent les rendez-vous. Le téléphone cellulaire est l'outil de travail numéro un du proxénète, qui attire la clientèle par des petites annonces dans certains journaux (où il met l'accent sur la jeunesse de ses protégées) ou, mieux, par le bouche à oreille, beaucoup plus sûr et discret. Le client prend rendez-vous, s'entend sur le prix et le lieu, et surtout sur la «marchandise» désirée. À moins que, client assidu, sa préférence pour telle fille soit déjà connue et les conditions de sa visite établies. La plupart des clients formuleraient des demandes spécifiques quant à l'apparence, à la docilité ou à la «performance» des jeunes filles. C'est entre les habitués et leurs amis que se passent les «bons numéros», dans tous les sens du mot (soit la personne à qui téléphoner et la jeune fille à demander).

Certains clients de la prostitution juvénile (contrairement à ceux de la prostitution adulte) fonctionnent entre eux en petit réseau, c'est-à-dire en cercle restreint à l'intérieur duquel ils se refilent les bonnes adresses et les informations sur les «nouvelles venues». Ils deviennent ainsi un peu entremetteurs à leur tour. Quelques-uns des hommes arrêtés comme clients ou comme proxénètes dans le cadre de l'enquête Scorpion à Québec, par exemple, correspondaient assez à ce profil. Ils agissent en ce sens comme les clients des réseaux pédophiles, qui ont tout intérêt à fonctionner en circuit fermé afin d'échapper à la vigilance policière ou citoyenne. Sachant leurs activités délinquantes, ils se comportent en délinquants, ne partageant leurs aventures que dans un cercle fermé d'initiés, ayant les mêmes goûts. Ils vivent en général leurs escapades sexuelles dans la clandestinité, à l'insu de leurs proches. La crainte de se faire prendre par la police explique, bien sûr, cette discrétion.

Certains hommes ont développé une véritable «carrière» de client, au sens sociologique du terme. Être client sur une base régulière requiert en effet certaines connaissances, voire certains apprentissages: comment et où trouver des jeunes filles, comment négocier le prix d'une passe avec la jeune fille ou avec son proxénète, comment imposer certaines activités sexuelles, comment ne pas se faire prendre par la police ni devenir la cible de chantage, etc. C'est sur une période de plusieurs années et au contact d'autres clients que cette «expertise», si l'on peut dire, va se développer. Aussi peut-on véritablement parler de réseaux de clients, c'est-à-dire de cercles d'hommes adultes s'échangeant des informations sur leurs activités communes et sur la façon de les poursuivre sans avoir d'ennuis avec les jeunes filles, ni avec leurs proxénètes, ni avec les proches des unes et des autres, ni surtout avec la police.

Un mot s'impose sur la production de matériel pornographique[15], parfois associée à la prostitution juvénile. Le développement de ce marché, via Internet, sur des sites spécialisés que l'on dit fort rentables serait en bonne partie sous le contrôle du crime organisé. En raison des accointances du crime organisé avec certains gangs de rue, de jeunes Québécoises sous l'emprise des gangs participeraient effectivement à la production de matériel pornographique spécialisé pour amateurs d'adolescentes. Bien qu'on le dise en croissance, l'ampleur précise de ce phénomène, difficile à contrôler et sur lequel il est plus malaisé encore d'enquêter, demeure indéterminée. Il est des plus préoccupants car on oublie trop souvent que ces images impliquent de vraies violences causant de vraies souffrances. C'est du cinéma sans trucages.

Des intervenants rencontrés au cours de notre recherche ont parlé de «traite des blanches» du fait que certaines filles affirmaient avoir été «vendues» et être ainsi passées des mains d'un proxénète ou d'un gang à un autre. Les opinions à ce sujet sont toutefois partagées, même parmi les intervenants sociaux ou les policiers les mieux informés. Certains croient que le terme «vente» ne signifie pas forcément qu'il s'agisse vraiment d'un trafic d'êtres humains, comme au temps de l'esclavage par exemple; ce serait plutôt une façon de dire qu'une fille est passée des mains d'un souteneur à un autre. D'autres intervenants croient, au contraire, que le terme esclavage est des plus appropriés, puisqu'il y aurait bel et bien échange d'argent (ou de services) pour devenir « propriétaire », et donc proxénète, d'une adolescente qui est déjà, ou qui sera, prostituée à des adultes. Comme la jeune fille ne recevra en général pas un sou de l'argent qu'elle rapportera et qu'elle sera très peu libre de ses mouvements, le mot « esclave » peut en effet être entendu ici au sens premier. Les récits de certaines jeunes filles ne laissent pas de doute sur le fait qu'elles sont traitées comme des esclaves sexuelles, auxquelles toute liberté est enlevée, en particulier celle de dire non à son proxénète ou à un client.

Depuis quelques années, la traite d'êtres humains à des fins sexuelles est davantage reconnue par les autorités – certains estiment même qu'elle serait en expansion. Un phénomène que l'on croyait réservé aux pays du tiers-monde, en partie lié au tourisme sexuel, existe bel et bien partout en Occident. Le crime organisé y jouerait un rôle déterminant. Quelques intervenants sociaux et policiers croient que certains gangs de rue seraient impliqués dans le trafic de jeunes filles d'ici vendues à l'extérieur du pays ou de jeunes filles d'ailleurs « importées » ici, où elles n'ont pour ainsi dire pas d'existence légale, devenant de ce fait plus vulnérables encore. L'avenir dira si de telles suppositions, fort inquiétantes, se vérifient ou non.

La clandestinité entourant toutes ces réalités, l'anonymat des clients de la prostitution juvénile, la crainte des jeunes filles de subir des représailles si elles se confient, leur méfiance à l'endroit des adultes et des institutions, mais aussi la méconnaissance des intervenants concernés, voilà les principales limites à l'obtention de données précises sur l'ampleur de la prostitution juvénile transitant par les gangs de rue et sur ses différents visages[16]. Le « chiffre noir » de ce type d'activité, c'est-à-dire la part de ce qui est ignoré des chercheurs et des autorités, se révèle impossible à évaluer. La prostitution juvénile est un marché *underground.* Il arrive que des jeunes filles ne savent pas elles-mêmes pour qui elles travaillent au juste. Les clients ne posent pas de questions non plus ; ils paient et s'en vont. Une relation avec une mineure ? Un peu de sadomaso avec ça ? Un « trip à trois » ? Une orgie avec plusieurs jeunes filles ? Une vidéo un peu spéciale ? Les clients trouveront vite où s'adresser. Le marché du sexe juvénile est sans limites, et des plus discrets, à condition de payer comptant.

Qui sont les clients de la prostitution juvénile ? Pourquoi recherchent-ils des jeunes filles mineures ?

Le client représente la face cachée de la prostitution juvénile. En lisant les études sur le sujet, on a parfois l'impression que la prostitution existe uniquement parce qu'il y a des filles pour s'y adonner et des proxénètes pour les y inciter. On parle peu du client, souvent on l'oublie tout simplement. C'est faire abstraction du fait, pourtant évident, que, sans demande, il n'y aurait pas offre de prostitution.

Pour les proxénètes et les jeunes filles qu'ils prostituent, un client, ça s'appelle un « motté » ou un « bonhomme », des mots d'argot qui désignent un homme à la recherche de plaisirs, qui a de l'argent et le dépense facilement. « Motté » est un terme plutôt méprisant, car il décrit l'individu en question comme un portefeuille sur deux pattes, dont on espère profiter au maximum. Un « bonhomme », ça ne vaut guère mieux dans le langage des jeunes : c'est une autre façon de dire un « pauvre type », car les jeunes filles n'ont pas de respect pour ces hommes qui, la plupart du temps, ne songent qu'à leur plaisir et les traitent comme des objets. Même les proxénètes, qui ont plein de filles gratuitement, ne comprennent pas que des « vieux » paient pour avoir des relations sexuelles : il faut être bien mal pris...

La plupart des clients ne sont sans doute pas dupes. Ces jeunes filles et leurs « protecteurs » en veulent uniquement à leur argent. *No money, no candy*. Et le bonbon susceptible de faire saliver le client, c'est la jeune fille docile, qui se prête à ses demandes, quelles qu'elles soient, en matière sexuelle, en ayant l'air d'aimer ça en plus (ce que des jeunes filles nous ont affirmé comprendre assez vite, bien que l'idéal pour elles demeure la passe rapide; «Plus vite c'était fait, mieux c'était pour moi. Un bon client, c'est un client qui jouit au bout de quelques minutes», nous a dit l'une d'elles).

Ce que les clients de prostituées mineures recherchent, c'est, selon leur propre expression, rapportée par les filles elles-mêmes, des «petites salopes». Le terme est des plus méprisants; il illustre cependant le rapport de soumission, parfois d'avilissement, qu'ils entendent souvent imposer. Certes, les jeunes femmes diront qu'il existe tout de même, sur le lot, des clients «gentils». Mais un client «gentil», ce n'est finalement qu'un client moins exigeant ou moins déplaisant que les autres.

Il existe très peu de recherches, a fortiori au Québec, portant sur les clients et, à notre connaissance, aucune ne traite spécifiquement de la prostitution juvénile. Cela s'explique en partie par les nombreux problèmes méthodologiques relatifs à ces études; les seuls clients connus sont généralement ceux qui ont été interpellés par la police. Difficile dès lors d'avoir des échantillons représentatifs lorsqu'on ne sait même pas quel est le pourcentage d'hommes dans une population donnée qui font appel aux services de prostituées mineures. Même quand de tels chiffres existent pour la prostitution adulte, les estimations de la clientèle varient beaucoup d'un pays à un autre. Une enquête récente évalue à plus de 12 % les hommes adeptes de la prostitution adulte en France (Legardinier et Bouamama, 2006). Dans certains pays asiatiques, on parle de la moitié de la population masculine, si ce n'est davantage. Nous ne connaissons pas d'études similaires au Québec ou au Canada. En ce qui concerne uniquement la prostitution juvénile, aucune donnée n'est disponible sur l'importance de la clientèle. Bien que des organismes tels que l'Unicef (2001) et le Conseil du statut de la femme (2002) se soient intéressés de près aux clients de la prostitution juvénile, peu de données concluantes en sont ressorties, si ce n'est que ces clients ne présentent pas de profil homogène et qu'ils ne se distinguent guère de ceux de la prostitution adulte. C'est pourquoi les recherches sur les clients de prostitution adulte de Dufour (2005) à Québec, de Mansson (1986) pour la Suède et de Bouamama (2004) pour la France méritent qu'on s'y attarde.

L'anthropologue Rose Dufour (2005) dresse une typologie des 64 clients qu'elle a rencontrés et interrogés. L'auteure les regroupe en cinq catégories : les insatiables, les insatisfaits, les timides, les vieux garçons et les « cachottiers », ce dernier terme étant un euphémisme pour désigner des hommes à la recherche de rapports sexuels hors du commun, de nature fétichiste ou sadomasochiste en particulier. Cette recherche s'en tient volontairement aux dires et perceptions des clients eux-mêmes, sans jugement de valeur ; c'est pourquoi le vocabulaire même utilisé dans le classement des clients reflète assez fidèlement celui des hommes interrogés. Ces sous-groupes ou catégories de clients ne sont pas forcément exclusifs (un même homme pourrait très bien être un « vieux garçon » timide, insatiable, donc insatisfait, à la recherche d'expériences sexuelles très particulières).

La majorité des clients interrogés par la chercheure soulignent à grands traits leur sentiment de solitude et leur difficulté à rencontrer, hors de la prostitution, des femmes qui répondent à leurs attentes – y compris quand ces hommes sont déjà en ménage. Cette approche de recherche qui consiste à analyser le vécu de clients uniquement à partir de leurs dires et de leurs perceptions tient peu compte du fait qu'ils peuvent être tentés d'embellir la réalité pour justifier leur comportement. C'est un choix méthodologique qui se défend, surtout en anthropologie. Il eût toutefois été intéressant que la chercheure développe une analyse de second niveau, dépassant ainsi le discours même des hommes interrogés, qui tiennent à se donner bonne conscience. À les entendre, il y a toujours d'excellentes raisons pour devenir un client de la prostitution.

Mansson (1986) retient pour sa part trois principaux mobiles invoqués par les clients de la prostitution pour justifier leur comportement :

1) la sexualité sans engagement ;
2) la solitude, quoique plus minoritaire qu'on ne le croit (la plupart des clients ayant déjà des relations

sexuelles hors de la prostitution et, souvent, plusieurs partenaires);
3) le besoin de compenser pour une vie de couple présentée comme insatisfaisante.

Mansson note par ailleurs que le fantasme entretenu autour de la « prostituée » jouerait un rôle plus important dans l'excitation du client que le rapport sexuel lui-même. Bouamama (2004; cette enquête a été reprise, commentée et augmentée dans *Les clients de la prostitution – l'enquête*, coécrit avec Claudine Legardinier, 2006) identifie quant à lui cinq mobiles récurrents chez les clients qu'il a interrogés :

1) une solitude jugée insupportable;
2) la méfiance, la peur ou la frustration à l'égard des femmes;
3) la croyance à une irrépressible pulsion masculine qui nécessiterait une satisfaction immédiate;
4) le refus de l'engagement;
5) la dépendance psychologique : un certain nombre d'hommes en effet s'estiment accros à la prostitution (les mêmes étant parfois aussi dépendants à des drogues ou à l'alcool).

En somme, comme le soulignent Legardinier et Bouamama (2006), le discours des clients en est un, complaisant, de banalisation et de normalisation du recours à la prostitution. La plupart des hommes interrogés insistent pour dire qu'ils ne sont pas des « vieux cochons » ou des pervers, et encore moins des pédophiles (même quand ils recherchent de très jeunes femmes). Certains vont même jusqu'à se présenter comme les victimes des femmes (inaccessibles, égoïstes et compliquées) ou du moins des victimes de leur passé de « misère sexuelle ». Selon eux, il y aurait en quelque sorte les clients raisonnables, des hommes bien ordinaires, auxquels tout un chacun s'identifie, et les malades, les dangereux, les violents, que personne n'a jamais rencontrés...

Dans un précédent ouvrage sur la prostitution des enfants (Dorais, en collaboration avec Ménard, 1987), alors que nous étions intervenants en ce domaine, nous faisions le même constat : les clients sont, et se perçoivent, comme des « monsieur Tout-le-monde ». D'après les données dont dispose le Conseil du statut de la femme du Québec (2002), les clients – toutes formes de prostitution confondues – seraient majoritairement âgés entre 35 et 50 ans, mariés et pères. Les mêmes données laissent croire que des hommes de tous les milieux socioéconomiques recourent à la prostitution juvénile et adulte, quoique pour pouvoir se payer des rapports sexuels on doive avoir suffisamment d'argent.

Mansson (1986) mentionne qu'une majorité des 170 clients qu'il a interviewés sont âgés de 30 à 39 ans, que 47 % ont une relation stable avec une femme et que 70 % sont des « consommateurs » occasionnels de prostitution. Pour leur part, Legardinier et Bouamama (2006) constatent que, sur 89 répondants interrogés, 36 % sont âgés de plus de 50 ans et que 46 % se situent dans la tranche d'âge de 31 à 50 ans. Au total, 52 % sont pères ; 63 % ne vivent pas ou plus en couple, même si presque 71 % l'ont déjà fait. Quant à Rose Dufour, elle constate que, sur les 64 hommes interviewés, deux tiers ont été ou sont encore mariés, un peu moins du tiers étant célibataires. Un peu moins de la moitié sont pères de famille. La moitié de ces hommes ont entre 36 et 55 ans. Le client moyen, c'est finalement l'homme moyen.

Dans toutes ces études, ce qui ressort le plus des déclarations des clients, c'est leur logique d'autojustification : il y a toujours une « bonne » raison de faire affaire avec des prostituées (dans ce cas-ci, adultes, rappelons-le). À les écouter, la confrérie des clients serait presque une « amicale de bons gars ». Cela reflète sans doute leur vision tronquée, pour ne pas dire idyllique, des conditions dans lesquelles se déroule la prostitution (même quand elle implique de très jeunes femmes).

Si nous n'avons pas interrogé de clients dans le cadre de notre recherche, le suivi des défenses produites par ceux qui ont été poursuivis en justice au cours des dernières années montre qu'ils adoptent généralement la même ligne de pensée : ils se décrivent comme de « bons gars », voire comme des victimes de jeunes filles séductrices (qui auraient « abusé » d'eux, de leur bonté et de leur naïveté même, ou encore qui auraient menti sur leur âge – on prétend toujours que ces adolescentes avaient l'air étonnamment matures, alors que, manifestement, leur juvénilité était leur principal attrait). On convoque même à la barre de la défense un « amour des femmes » à ce point irrépressible que certains clients ne pouvaient résister à l'occasion qui s'offrait à eux d'obtenir une relation sexuelle contre rétribution. Des clients vont jusqu'à se présenter tantôt comme des mécènes, tantôt comme des éducateurs (sexuels?) disposés à s'occuper de ces « pauvres filles » en manque d'amour ou d'argent. Certains croient vraiment rendre service à des jeunes filles démunies en leur offrant une rétribution pour des faveurs sexuelles. Ils feignent d'oublier qu'ils contrôlent tout ce qui se passe avec la jeune et qu'ils requièrent parfois les services de mineures pour poser des actes sexuels que bien des femmes adultes refuseraient, pour braver des interdits, pour dominer physiquement ou psychologiquement une personne plus vulnérable qu'eux.

Les dessous de la prostitution juvénile, les épreuves et les traumatismes vécus par les jeunes filles, y compris entre leurs propres mains, les clients n'en sauraient donc rien. De surcroît, peu d'entre eux semblent disposés à admettre une chose pourtant élémentaire : les jeunes filles que l'on prostitue ressentent rarement du désir pour leurs clients – mais, au contraire, du dégoût la plupart du temps. Quel plaisir, disent ces adolescentes, éprouveraient-elles à avoir x fois par jour des relations sexuelles avec plusieurs hommes, qui pourraient être leur père ou leur grand-père? Le client type, les jeunes filles que nous avons rencontrées le décrivent comme un « vieux cochon », une « vieille peau », un « obsédé » ; il ne leur laisse guère de bons souvenirs. Bien peu de ces clients, si « insatiables » qu'ils se proclament, pourraient supporter le quotidien des jeunes avec lesquelles ils ont des rapports sexuels. Il y a une limite à ce que ces jeunes filles peuvent endurer, mais y songer est nettement antiérotique. La dernière chose que veut le client, c'est de se sentir coupable. Aussi préfère-t-il ne pas savoir ce que la fille vit ou ressent et penser qu'il est le seul à profiter d'elle, isolant de son contexte la relation qui se déroule entre eux ou, pire encore dans certains cas, profitant de la fragilité, de la crainte et de l'inexpérience d'une adolescente pour abuser davantage d'elle.

Par définition, les clients de la prostitution juvénile carburent à la jeunesse. Le manque qu'ils ressentiraient, et qui les amène à passer aux actes, ils le créent et l'entretiennent eux-mêmes puisque rien n'oblige un homme à vouloir des relations sexuelles vénales avec une jeune fille, et encore moins à réaliser concrètement ce fantasme. Plusieurs facteurs soutiennent la demande pour des adolescentes dans la prostitution. Ce qu'il convient de nommer le *pédomorphisme* est l'un d'eux. Un très grand nombre d'hommes axent leur érotisme sur des partenaires sensiblement plus jeunes et plus graciles qu'eux. S'agit-il d'un phénomène naturel, comme le prétendent certains biologistes ou sexologues, ou d'un fait culturel, comme sont enclins à le penser des sociologues, dont nous sommes ? Chose certaine, la culture de consommation, avec l'accent qu'elle met sur la jeunesse et le corps, joue un rôle là-dedans. Les canons mêmes de la beauté féminine correspondent à la jeunesse, ce qui explique pourquoi un nombre croissant de femmes mûres cherchent, cosmétiques et chirurgies à l'appui, à paraître juvéniles, ou du moins le plus jeunes possible, et à tout prix.

S'ajoute à ces facteurs l'érotisation de l'interdit. La plupart des grandes religions et des cultures dans lesquelles elles se sont enracinées associent transgression et sexualité. Cela, à un point tel que de nombreux individus en viennent à érotiser – ou du moins à érotiser davantage – ce qui leur est défendu. Un tabou culturel ou moral, qui peut agir comme une barrière chez certains, va se transformer en source d'excitation chez d'autres. Autrement dit, plus une activité sexuelle est réprouvée, plus elle peut sembler attrayante à ceux pour qui le fruit défendu est le plus alléchant qui soit. Chez des individus désabusés sur le plan sexuel, on peut assister à une sorte d'escalade : un client peut passer de la prostitution adulte à la prostitution juvénile, puis à la prostitution enfantine, par curiosité, par recherche de « piment » dans son quotidien. Selon ce qu'on en sait, la logique du « plus c'est interdit, mieux c'est » semble s'appliquer aux choix de partenaires et d'activités sexuelles de certains clients de la prostitution juvénile.

Le désir particulier pour des adolescentes, ou des adolescents, se nomme *hébéphilie*. Le terme *pédophilie* est réservé aux personnes excitées sexuellement par des enfants impubères, de moins de 12 ans. L'hébéphilie se démarque par une attraction sexuelle pour des jeunes déjà pubères mais non complètement développés ou matures sur les plans physique et psychique. L'hébéphilie étant un attrait sexuel, elle peut être exclusive (la personne n'érotisant que des adolescentes ou des adolescents), préférentielle (la personne érotisant principalement des adolescentes ou des adolescents, sans exclure pour autant d'autres types de partenaires) ou occasionnelle, voire circonstancielle. Il est donc aussi réducteur de croire qu'un client de la prostitution juvénile est forcément pédophile (bien que pédophilie et hébéphilie puissent aller de pair) que d'exonérer un client de tout soupçon sur le seul fait qu'il a déjà, ou a déjà eu, des partenaires adultes. Une préférence n'empêche pas d'autres goûts de coexister chez un même individu.

Cela dit, il semble évident qu'une certaine volonté de contrôle, de domination, d'avilissement même, se retrouve parmi les motifs de nombreux hommes qui se tournent vers des mineures. Il est beaucoup plus aisé de contraindre des jeunes filles, de surcroît déjà sous le joug d'un gang de rue, à se plier aux caprices du client que de le faire avec des femmes adultes, fussent-elles travailleuses du sexe. En effet, ces dernières acceptent plus rarement de se soumettre à tous les caprices de leurs clients. Il y a des choses qu'elles font et d'autres qu'elles ne font pas (par exemple, en ce qui a trait à la non-utilisation du condom, aux relations sadomasochistes, à la violence physique ou à l'humiliation subies lors de rapports sexuels).

Le mythe d'une pulsion masculine incontrôlable a longtemps servi de justification aux agresseurs sexuels d'enfants et aux violeurs. On considère maintenant que rien n'oblige qui que ce soit à céder à ses désirs, si conformistes ou si bizarres soient-ils. La vie en société est un long apprentissage de gestion de la frustration ; la vie sexuelle n'en est pas exemptée et ne saurait l'être. Tout un chacun doit apprendre à (se) dire non et à se faire dire non. Perdure néanmoins l'idée d'une sexualité récréative, ne portant pas à conséquence, du moins pour ses « consommateurs ». À cet égard, la conception que s'en font les proxénètes rejoint celle des clients : les filles existent non pour et par elles-mêmes, mais pour le plaisir et le bénéfice des hommes.

Pourquoi est-il difficile de démanteler les réseaux de prostitution juvénile ?

Prostituer des mineures demeure risqué. Les membres des gangs de rue le savent. D'aucuns considèrent comme relevant de la prudence la plus élémentaire de déplacer dans une autre ville les jeunes filles prostituées qui travaillent à plein temps et qui ont donc abandonné l'école. On évite ainsi qu'elles ne soient reconnues par des parents ou des voisins et qu'elles puissent entrer en contact avec des proches lorsqu'elles se retrouvent en situation de détresse ou de crise. Déplacer une jeune francophone dans une région où l'on ne parle qu'anglais, par exemple, contribue à l'isoler et à la déstabiliser davantage.

Un autre facteur nuit à la lutte contre la prostitution juvénile : le fait que les gangs de rue fonctionnent comme des cellules relativement autonomes – un peu à la manière de cellules terroristes – et non selon une hiérarchie formelle, comme chez les motards criminalisés ou dans les mafias traditionnelles. Il devient dès lors plus difficile d'identifier qui fait quoi et qui contrôle qui. Chaque membre du gang impliqué dans la prostitution juvénile a sous sa responsabilité un certain nombre de jeunes filles – dans certains cas, cela peut aller jusqu'à une dizaine. En ce sens, ce n'est pas tant le gang qui prostitue chaque jeune fille individuellement qu'un de ses membres. Ce dernier est toutefois aidé en cela par ses comparses ou par des collègues d'autres organisations criminelles. Il y a complicité pour surveiller ou héberger la fille, pour la faire travailler dans des agences d'escortes ou des bars de danseuses éloignés de la région d'où elle vient. Plusieurs personnes interviennent donc dans les activités de prostitution d'une jeune fille. Aussi est-il parfois difficile, même pour la jeune fille en question, de dire qui tire finalement profit de ses activités. Par exemple, un proxénète va déclarer à la jeune femme qu'il l'amène dans une ville où il l'a « vendue », mais comment vérifier si cela est vrai et si le gros de l'argent ne va pas toujours à la même personne ? Certaines jeunes femmes ne savent tout simplement plus à qui elles « appartiennent ». Tout ce qu'elles savent c'est qu'elles doivent « rapporter ».

Le caractère mouvant non seulement des activités des gangs, mais aussi de leur composition rend particulièrement complexe le travail policier visant à les contrer. En raison de l'âge moyen de leurs adhérents, et parfois de leur provenance ethnique, les gangs se révèlent plus difficiles à infiltrer que les organisations criminelles traditionnelles. De plus, il leur est aisé de terroriser des jeunes filles – parfois aussi leurs proches – de façon à ce que reste à jamais secret ce qui s'est passé dans leur vie au moment où elles étaient aux mains d'un gang.

Enfin, et c'est bien regrettable de le constater, l'ampleur ou l'existence même de la prostitution juvénile sont souvent mises en doute, à tout le moins minimisées. Une sensibilisation, voire une formation continue pour les intervenants sociaux et les policiers, cela à tous les niveaux de la hiérarchie, et aussi pour les procureurs de la Couronne et les juges, ne serait pas un luxe. De nombreux intervenants que nous avons rencontrés l'ont suggéré. La diversité et la complexité mêmes du fonctionnement des gangs de rue et de leurs activités de proxénétisme exigent une bonne préparation de la part de ceux et celles qui ont à prévenir, à combattre ou à sanctionner la criminalité. Minimiser ou banaliser un problème ne permet pas de le régler. La méconnaissance de ce qui se passe vraiment provoque un aveuglement, au moins partiel, devant le fléau de la prostitution juvénile et de ses ramifications. La clandestinité est le principal atout de ceux qui en profitent, qu'ils soient clients ou proxénètes : reconnaître l'existence de la prostitution opérée par les gangs et comprendre son mode de fonctionnement ne peut que lui porter préjudice.

Quels sont les rapports des gangs de rue avec le crime organisé ?

Exploiter la recherche de plaisir chez les autres a toujours été un secteur rentable du crime, organisé ou pas. Au temps de la prohibition de l'alcool, sa fabrication, son importation et sa vente clandestines ont généré des fortunes colossales. De tout temps, la prostitution, en particulier lorsqu'elle permet aux clients d'enfreindre des interdits moraux, a été un marché lucratif. Les gangs de rue n'ont pas inventé la prostitution juvénile ; ils en ont toutefois reconfiguré les conditions d'exercice dans les réseaux qu'ils contrôlent. Leurs méthodes de recrutement particulières, axées sur la séduction, font en sorte qu'ils arrivent à mettre la main sur des jeunes filles qui n'auraient jamais, sinon, songé à se prostituer. De surcroît, les gangs rendent le proxénétisme *glamour*, du moins dans certains milieux, en faisant de la prostitution une activité acceptable pour toute jeune fille amoureuse d'un gars de gang ou ayant quelque peu l'esprit d'aventure.

Après les frappes policières qui ont ébranlé le monde du crime organisé au Québec il y a quelques années (on pense en particulier à l'opération Printemps 2001, menée à l'encontre des motards criminalisés), un certain vide se serait fait sentir. Il y avait place pour de nouveaux venus, prêts à prendre le relais sur le terrain, dans le marché de la drogue et de la prostitution en particulier. Cependant, ni les motards criminalisés ni les autres organisations du crime organisé (les mafias) n'ont abandonné le contrôle de leurs territoires, contrôle gagné de haute lutte au fil des ans. La police perçoit néanmoins des changements dans les activités et les complicités des gangs de rue. Alors qu'il n'y a pas si longtemps les gangs de rue étaient surtout responsables du taxage en milieu scolaire et de la vente de drogue aux adolescents, leur implication dans des activités criminelles comme la prostitution juvénile et le trafic de stupéfiants ne fait aujourd'hui plus de doute. Les membres des gangs de rue sont ainsi devenus des associés du crime organisé, confinés toutefois, la plupart du temps, à un rôle d'exécutants.

Les gangs de rue semblent d'autant plus utiles qu'ils servent de tampon en quelque sorte entre la population et le crime organisé plus traditionnel (qui avait tout intérêt, après de sanglants règlements de comptes et de retentissants procès, à retrouver une certaine clandestinité). À un moment où, au Québec, les motards criminalisés, comme les dirigeants des mafias, entendent se faire discrets, que les projecteurs se tournent vers les gangs de rue et leurs exactions représente pour ces gens-là une vraie bénédiction.

En sous-traitant la revente de drogue aux jeunes et la prostitution féminine (y compris de mineures), le crime organisé fait d'une pierre deux coups. Il se lave les mains d'activités criminelles socialement décriées, tout en s'assurant néanmoins de contrôler une partie des revenus générés par ces trafics, grâce aux redevances que les membres de gangs doivent lui verser pour opérer sur ses territoires. Certains policiers croient toutefois qu'une partie du crime organisé n'étant pas très favorable à la prostitution des mineures (notamment parmi les motards criminalisés), son *modus operandi* consiste plutôt à « se fermer les yeux » qu'à encourager activement ce commerce.

Selon les intervenants policiers, un des aspects les plus évidents de la collusion entre gangs de rue et crime organisé dans la prostitution juvénile tient au fait que ce dernier « tolère » que des mineures exploitées par des gangs travaillent, sous de fausses représentations (faux papiers, identité factice, mensonge sur l'âge), dans des bars de danseuses qu'il contrôle ou « protège ». Parce qu'ils seraient moins surveillés par la police, les bars éloignés des grands centres sont des endroits tout désignés pour cacher et faire travailler des adolescentes. En échange de ce service, le crime organisé recevrait un premier versement pour permettre à la jeune fille de travailler là. Par la suite, une quote-part (appelée la « cote bar »), c'est-à-dire un pourcentage des gains de cette même fille, sera prélevée par les tenanciers ou les proprios du bar. Une jeune femme nous a déclaré que lorsqu'elle avait payé son droit de danser, le pourcentage de ses gains revenant au bar, le pourboire obligatoire au DJ et au portier-videur, plus, bien évidemment, la part de son « gérant », il lui restait tout juste de quoi se payer suffisamment de drogue pour se donner le courage de recommencer...

En somme, tout ce beau monde trouve son compte à ce système. D'un côté, le crime organisé se tient à distance d'activités délictueuses impopulaires tout en prélevant toujours des revenus sur ces dernières. D'un autre côté, les gangs prospèrent. Leurs membres prennent désormais une part des risques qui rebutent le crime organisé (être arrêtés par la police et traduits en justice, par exemple), en retour d'une part des bénéfices. De surcroît, comme il semble encore plus difficile de démanteler les gangs de rue en raison de leur structure floue (ou plutôt de leur manque de structure formelle), toutes les parties en cause peuvent s'estimer gagnantes. Et quand des frictions se produisent entre gangs de rue et crime organisé, ce dernier a encore largement les moyens de ramener à l'ordre les trouble-fête...

La fierté qu'éprouvent certains membres de gangs de leur succès explique qu'ils fassent tatouer sur leur corps ou sur celui de leurs « protégées » – ou encore qu'ils graffitent par bravade sur les murs des secteurs qu'ils contrôlent – le chiffre 212, qui correspond à l'article du Code criminel canadien condamnant le proxénétisme. Lorsqu'elle demeure cachée aux yeux du grand public, la prostitution des mineures est un des domaines criminels les moins à risque, y compris sur le plan financier, puisqu'elle ne requiert aucun investissement ou presque (contrairement à la revente de drogue, par exemple). Il a fallu une enquête poussée de la police de Québec dans l'affaire Scorpion pour déstabiliser des réseaux de prostitution de mineures contrôlés par des membres de gangs de rue. Ce qui a favorisé cette enquête, c'est le fait qu'une partie des jeunes filles impliquées « travaillaient » aussi pour un petit réseau dirigé par des commerçants qui, sous le couvert de leur entreprise, offraient des jeunes filles. Les adolescentes de ce réseau étaient moins terrorisées que les autres – car beaucoup mieux traitées, estimaient-elles : on leur laissait leur liberté et leurs gains –, donc plus à même de témoigner contre les proxénètes et les clients. La plupart des clients arrêtés et traduits devant la justice faisaient d'ailleurs affaire avec ce réseau-là, et non avec les gangs de rue. Grâce à la collaboration entre citoyens, victimes et policiers, plusieurs proxénètes furent néanmoins arrêtés et condamnés à des peines de prison pour proxénétisme (contrairement aux clients, qui ont uniquement eu des amendes à payer ou des peines à purger dans la communauté). Ces arrestations ont rappelé aux membres de gangs que le proxénétisme, a fortiori quand il implique des personnes mineures, est un délit pouvant mener à la prison. Qu'une bonne partie de leur clientèle ait malgré tout échappé aux filets de la justice peut hélas leur servir de réclame : ils ne sont pas des dénonciateurs, des *stools*, et leurs filles non plus.

Pourquoi les jeunes filles ont-elles de la difficulté à témoigner contre leurs proxénètes et leurs clients ?

L'enquête Scorpion à Québec, qui a entraîné plusieurs poursuites, a démontré combien il était difficile d'obtenir des preuves solides contre les clients et les proxénètes et, en particulier, de faire reconnaître comme crédible le témoignage des jeunes filles victimes des réseaux de prostitution. Considérer et traiter ces jeunes filles comme si elles étaient des témoins « comme les autres » semble particulièrement contre-productif. Voyons pourquoi.

La prostitution dans le contexte d'intimidation et de violence qui caractérise les gangs de rue laisse souvent des séquelles importantes. Un grand nombre de jeunes filles ont subi des traumatismes réels – sans compter que beaucoup d'entre elles avaient déjà un passé personnel ou familial éprouvant. Lors de leur passage dans la prostitution, plusieurs jeunes ont été menacées, intimidées, battues, violées. Certaines ont pu craindre pour leur vie. S'il est relativement aisé de tomber dans le piège de la prostitution gérée par les gangs de rue, s'en sortir peut s'avérer beaucoup plus difficile. Cela dépend en fait du gang et du proxénète ; certains se vantent qu'ils ont tellement de recrues qu'ils n'ont pas à retenir celles qui veulent partir, mais il est permis de prendre cette affirmation avec un grain de sel.

Une jeune fille qui tente de se défaire de son proxénète, c'est une petite fortune que ce dernier risque de perdre à court terme, surtout lorsque la jeune femme est forcée de se prostituer à plein temps ou presque, emprisonnée pratiquement dans une chambre où défilent des clients : ce sont de véritables esclaves sexuelles, qui ne connaissent aucun répit. Par crainte de déplaire au client ou au proxénète, surtout si ce dernier est violent, elles en viennent à accepter des relations qui les blessent dans leur âme et dans leur corps (le corps frêle de ces jeunes filles n'est en général pas en état de subir les assauts d'hommes adultes, plus ou moins corpulents. Ajoutons à cela que les rapports physiques ou sexuels exigés peuvent en eux-mêmes être avilissants et violents : sodomies répétées, urolagnie, coprophagie, actes sadiques, etc.). Il n'est donc pas surprenant qu'elles se retrouvent au bout du compte en état de stress post-traumatique. Le mot n'est pas trop fort : des recherches menées auprès de femmes adultes violentées dans la prostitution ont déjà établi la réalité de ce type de séquelles (Farley, 1998), qui ne seraient pas moindres, au contraire, lorsqu'il s'agit d'adolescentes.

Rappelons ce en quoi consiste un état de stress post-traumatique. Pour éprouver un tel stress, deux préalables sont requis :

1) la personne a vécu des événements durant lesquels son intégrité physique (ou celle de proches) a été sérieusement menacée ;
2) elle a alors éprouvé une peur intense, associée à un sentiment d'impuissance, puisqu'elle ne pouvait pas échapper à la situation.

Par la suite, la personne expérimente des réminiscences envahissantes de ces moments de détresse, comme s'ils allaient se reproduire, en particulier dans des situations pouvant évoquer lesdits événements traumatiques. Afin de lutter contre ces pensées et souvenirs extrêmement pénibles, la personne peut chercher à éviter des idées, des sentiments, des conversations, des lieux et, bien sûr, des individus associés à son traumatisme. Dans son effort plus ou moins conscient pour éviter ce qui lui ferait revivre sa détresse, elle aura tendance à inhiber ses émotions. Très souvent, les victimes de stress post-traumatique connaissent des troubles du sommeil, des difficultés de concentration, de l'irritabilité, une peur quasi constante d'être à nouveau agressées. Dans des cas de stress aigu, il peut se produire des dissociations émotives ou cognitives. Par exemple, la personne se sent détachée de tout, a l'impression de ne plus être elle-même, de ne plus avoir sa pleine conscience, ou encore elle éprouve de graves problèmes de mémoire, en particulier en ce qui concerne les événements traumatisants et ce qui les a entourés.

Une jeune fille traumatisée par des activités de prostitution auxquelles elle a été soumise risque fort d'en sortir amochée, y compris sur les plans psychique et relationnel. Peu d'adultes, même parmi les plus costauds, émergeraient sans séquelles de ce que la plupart des adolescentes prostituées ont vécu – celles que nous avons appelées les *soumises* et les *esclaves sexuelles* en particulier. Plusieurs ont été victimes de viols collectifs, menacées et violentées physiquement par leurs proxénètes, parfois aussi par leurs clients. Elles ont été témoins des violences, parfois très vives, qui règnent dans les gangs et que ces derniers exercent envers celles qui sont sous leur emprise. Elles ont vu d'autres jeunes, garçons ou filles, se faire battre sauvagement. Et tout cela, sans soutien moral, isolées affectivement, quand ce n'est pas physiquement, réduites pour ainsi dire à l'état de marchandise.

La reconnaissance de cet état de fait devrait normalement amener la justice à faire davantage montre d'empathie envers ces jeunes filles victimisées par la prostitution juvénile. Or, de nombreux intervenants sociaux ou policiers ont plutôt l'impression que c'est le contraire qui se produit. Une personne en stress post-traumatique fait en général un « mauvais » témoin. Elle a des trous de mémoire, en particulier sur des éléments essentiels de son témoignage (ayant, pour survivre, inconsciemment oublié ce qui la faisait trop souffrir). Elle se montre irritable, en particulier lorsqu'on l'oblige à se remémorer des choses qui provoquent en elle une intense détresse. La contre-interroger ou la contredire peut être ressenti comme une agression. Sans compter qu'avoir à raconter des choses très intimes en public est déjà pour n'importe qui une chose ardue. Au lieu de reconnaître cet état de stress post-traumatique et de ménager la jeune victime en conséquence, certains juges la considèrent comme de mauvaise foi, ce qui n'aide ni cette dernière ni la justice.

Tout comme pour les victimes d'inceste et d'abus physiques ou sexuels, les tribunaux représentent un calvaire pour les victimes de la prostitution juvénile. Tous les efforts devraient être faits pour amasser des preuves suffisantes sans avoir recours aux témoignages de ces victimes (que certains avocats et juges insistent pour appeler « témoins », même quand il a été prouvé qu'elles étaient exploitées par des proxénètes). Si, en désespoir de cause, de tels témoignages constituent un passage obligé pour que justice se fasse, il est primordial de bien préparer et de bien encadrer la jeune personne qui traversera ce processus éprouvant: jeux de rôle où l'on simule ce qui pourrait se passer, réassurance constante d'une présence amie, soutien psychologique avant, pendant et après le témoignage, ce sont là des incontournables, aux dires de plusieurs intervenants. À défaut de quoi, la victime risque fort de s'effondrer et de perdre toute crédibilité, à l'avantage de l'accusé.

Paradoxe : tant qu'on ne les reconnaît pas comme des victimes (et non comme des témoins comme les autres), les jeunes filles prostituées par des tiers sont susceptibles d'éprouver un stress post-traumatique, et tant qu'on ne reconnaît pas la possibilité qu'il y ait stress post-traumatique, on sous-évalue la gravité de leur victimisation.

Il faut ajouter que toutes les victimes ne semblent pas toujours en être, car elles ne sont pas toutes « passives » (il y a aussi des victimes « actives », qui ont participé à leur victimisation, comme nous l'avons précédemment souligné en parlant des jeunes *aventureuses*, par exemple). Pour mieux comprendre le phénomène et le paradoxe de la victimisation active, disons quelques mots au sujet du syndrome de Stockholm[17]. Identifié une première fois en 1973 lors d'une prise d'otages dans cette ville, le syndrome de Stockholm se caractérise par le fait qu'une victime en vient à prendre parti pour son agresseur, s'identifie à sa cause et se porte même à sa défense. Cette victime va s'opposer à ce que la personne qui lui a fait du mal en subisse des conséquences, notamment sur le plan judiciaire. On rencontre souvent cette dynamique dans des cas d'agression physique ou sexuelle, quand l'abuseur est un proche. En fait, tout se passe comme si la menace que son agresseur lui a fait vivre avait entraîné chez la victime une soumission quasi aveugle à ce dernier. Elle en vient à partager ses idées, dans un réflexe de survie en quelque sorte : «Si je pense comme lui, il me fera moins de mal» ou encore : «Si je pense et je dis que ce n'est pas si grave, ce le sera effectivement moins».

Plus ou moins consciemment, une telle réaction se retrouve très souvent chez les victimes de la prostitution juvénile, ce qui explique pourquoi elles peuvent être réticentes à témoigner contre leur proxénète et leurs clients. D'autant que le secret et le silence font partie intégrante des règles de fonctionnement de tout réseau de prostitution, règles qu'elles ont intégrées comme une seconde nature. Ajoutons que très peu de jeunes filles voient leur proxénète comme un profiteur ou un exploiteur : c'est avant tout un ami, un gérant, un (ex-) amant dont elles sont ou ont été sincèrement amoureuses. Les jeunes filles prostituées n'ont rien à faire du concept de proxénète, elles n'utilisent jamais le mot. Plus encore : la menace et l'isolement psychique qu'on leur fait vivre, le travail de sape effectué sur leur estime de soi et le contrôle de leurs relations extérieures au milieu ont encore accru l'ascendant exercé sur elles par leur proxénète. Elles s'accrochent à ce dernier, objet à la fois de crainte et d'attachement. Dans la vie en crise de certaines jeunes filles, leur ami-proxénète-gérant leur procure étonnamment une certaine stabilité. On nous a ainsi rapporté que des jeunes filles avaient visité en prison, car il leur manquait, le proxénète qu'elles avaient pourtant contribué à faire condamner...

Au moment de témoigner devant la police et les tribunaux, plusieurs problèmes psychosomatiques peuvent survenir ou ressurgir chez des jeunes filles victimes des réseaux de prostitution : insomnie, problèmes de digestion, hyperventilation, maux de tête, tremblements, crise d'anxiété, etc. La nécessité de reconnaître, et par le fait même d'atténuer le stress que subissent ces adolescentes, devrait être une évidence. Comme les témoignages de ces jeunes femmes ont la plupart du temps lieu devant public, en présence de ceux contre qui elles témoignent, c'est beaucoup demander à des personnes déjà fragilisées. À la suite des condamnations plutôt légères (amendes ou travaux communautaires) qui ont été imposées aux clients reconnus coupables dans le cadre de l'enquête Scorpion à Québec, de jeunes victimes nous ont dit s'être senties trahies par le système de justice. Tous ces efforts exigés d'elles, et aussi de leurs proches ou des intervenants sociaux et policiers afin de les soutenir, tout cela pour si peu... Un amer sentiment d'impuissance et d'injustice en ressort.

Quelles sont les séquelles que peuvent subir les adolescentes prostituées par des gangs de rue ?

Outre le stress post-traumatique et le syndrome de Stockholm dont nous venons de parler, un grand nombre de réactions peuvent affecter les jeunes filles qui sont passées par la prostitution juvénile. La typologie que nous avons précédemment proposée (les *esclaves sexuelles*, les *soumises*, les *aventureuses*, les *indépendantes*) suggère que les émotions et les sentiments peuvent différer selon les personnes impliquées. La nature et l'ampleur de ces séquelles physiques, psychologiques, émotionnelles et relationnelles dépendront ainsi de la personnalité de la jeune fille, du soutien dont elle dispose, du statut qu'elle avait dans le gang et de la « culture » de ce dernier, de son passé familial, de son vécu dans la prostitution, du temps qu'elle y a passé, de sa perception des choses, des violences infligées par ses proxénètes ou ses clients, et parfois aussi par les autres filles. Par exemple, nous avons noté qu'une jeune fille soumise ou traitée en esclave par son proxénète va éprouver de la honte, de la dévalorisation de soi, de la détresse. Elle sent bien en son for intérieur qu'elle a perdu le contrôle de sa vie et que la relation amoureuse avec son petit ami a du plomb dans l'aile... À l'inverse, une jeune fille aventureuse, surtout si elle conserve une certaine indépendance vis-à-vis du gang, se sentira, du moins initialement, valorisée par ses activités de prostitution, y voyant une occasion de plaire tout en faisant de l'argent. La valorise aussi le fait d'appartenir à un gang, ou du moins d'en avoir l'impression, de rencontrer des « gens importants » parmi sa clientèle, d'avoir de beaux vêtements, de participer à des partys privés, de faire des « belles sorties », etc. Tout cela lui procure le sentiment d'être « en contrôle » d'elle-même et de la situation. Elle se sent gagnante, du moins au début. Cela explique pourquoi ce type de jeunes femmes va volontiers devenir une bonne recruteuse. Puisqu'elle considère ses activités de prostitution comme positives, elle devient une réclame vivante pour les réseaux qui veulent mettre la main sur de nouvelles recrues : qui de mieux placée pour convaincre des jeunes filles qu'une des leurs, qui semble comblée de surcroît ? Pour plusieurs jeunes filles, la prostitution est donc vécue comme une contrainte, un esclavage même, alors qu'elle procure à d'autres, moins nombreuses il est vrai, un sentiment plutôt positif.

Une certaine confusion peut apparaître chez les jeunes filles lorsque vient le temps de définir la nature de leur implication dans la prostitution. Par exemple, une jeune femme qui se perçoit plutôt comme une escorte dira : « Je ne fais pas la rue comme une pute, je ne fais pas de la vraie prostitution » ou encore : « Mes clients, ils m'amènent dans des sorties dispendieuses, ils aiment être avec une belle fille ; le sexe, c'est juste un à-côté ». Les jeunes femmes engagées dans une relation amoureuse avec un garçon qui est un proxénète aux yeux de la loi auront souvent une perception encore plus confuse de leurs activités. Par exemple : « Si je couche avec des bonhommes pour aider mon chum à payer des dettes, c'est juste en attendant que ça aille mieux : c'est pas de la prostitution, ça. » Pareille confusion s'explique en partie par la banalisation de la sexualité chez ces jeunes : pour beaucoup de jeunes femmes, le sexe semble l'unique façon de se faire une place aux côtés des hommes. La différence entre pratiquer des fellations à l'école pour être populaire auprès des garçons et faire des clients pour rendre service à son petit ami n'est pas si grande à leurs yeux. La logique demeure la même : en donnant du sexe, quelles que soient ses propres envies, une fille peut aplanir bien des difficultés et même se faire des amis.

En somme, les séquelles d'un passage dans la prostitution peuvent varier en intensité et en gravité. Loin de nous cependant l'idée de suggérer que la prostitution à l'adolescence puisse être une expérience bénéfique : quel que soit leur degré de participation ou d'implication dans la prostitution juvénile, les risques de bouleversements chez ces jeunes sont importants[18]. Les recherches de Fournier, Cousineau et Hamel (2004) de même que celles de Knox (2004) indiquent clairement que les abus sexuels et physiques, les menaces et l'intimidation avec des armes, les mauvais traitements de toutes sortes font bel et bien partie du quotidien des jeunes filles exploitées par des gangs de rue. En outre, certains risques augmentent aussi en fonction de leur niveau d'implication dans la vie délictueuse du gang : participer à des actes criminels peut entraîner des contrecoups sur les plans physique et psychique, sans compter les peines encourues. Enfin, il faut souvent ajouter à ces répercussions la stigmatisation, le rejet et l'isolement social en raison des préjugés liés à ces activités et du fait que ce sont toujours, hélas, les femmes qu'on blâme pour l'existence de la prostitution, même quand elles ont été forcées d'en faire.

Les jeunes filles utilisées par les gangs de rue vivent déjà une double victimisation : à la fois de la part des hommes qui les exploitent et les utilisent, mais aussi de la part d'autres filles qui veulent se différencier d'elles, montrer qu'elles ne sont pas traitées comme des objets sexuels, qu'elles ne sont pas des « putes », elles. Une jeune considérée comme une *esclave sexuelle* ou une *soumise* va parfois se retrouver maltraitée par les autres filles, verbalement, physiquement et sexuellement, et de façon presque continue. Ce dénigrement des jeunes filles entre elles fait en sorte qu'une culture du silence se crée autour du *gang bang*, les filles qui l'ont vécu craignant d'être discréditées aux yeux des autres[19]. La victimisation sexuelle de certaines jeunes filles se répète parfois ad nauseam jusqu'à ce que toute association avec le gang prenne fin.

Des recherches suggèrent en outre que la prostitution juvénile chez les jeunes augmente les risques d'infections aux VIH et autres IST, lesquelles ne sont pas sans conséquence, surtout si elles ne sont pas découvertes ni traitées. Tous les clients n'acceptent pas de se protéger, surtout avec une mineure. Des actes sadiques, plus fréquents qu'on ne croit, de la part de certains proxénètes ou clients, attentent aussi à l'intégrité corporelle de ces adolescentes. Il n'est pas rare que les jeunes qui sortent de la prostitution doivent faire l'objet d'un suivi médical à moyen ou à long terme. À cela s'ajoutent les risques de grossesse non désirée et l'éventualité d'avortements obligés. Enfin, le décrochage scolaire et la plus grande difficulté par la suite à occuper un emploi et à subvenir adéquatement à ses besoins apparaissent comme des répercussions non négligeables.

Après coup, une certaine désensibilisation émotive et, plus spécifiquement, sexuelle est souvent rapportée par les victimes de la prostitution juvénile. Des intervenants nous ont relaté, par exemple, que des jeunes filles qui ont eu des centaines et des centaines de relations sexuelles se retrouvaient incapables d'éprouver du plaisir avec le partenaire amoureux qu'elles avaient aujourd'hui. Elles ont tellement appris à nier ou à taire leur corps, ou encore à simuler le plaisir, qu'elles ont à se réapproprier leurs sentiments, à redécouvrir leurs sens en quelque sorte. Et cela ne va pas de soi.

La dissociation entre son corps et ses émotions, qui est parfois une question de survie pour une jeune qui se prostitue, peut mettre beaucoup de temps avant de s'estomper. Ces filles qui ont été vouées au plaisir des autres n'en ont ressenti que rarement ou de façon très confuse. Elles ont de l'expérience sur le plan sexuel, mais connaissent peu leur sexualité propre, qu'elles doivent (re)découvrir (cela ressemble assez à ce que vivent les victimes d'inceste). Certaines affirment qu'elles ont plus de difficultés dans leurs relations amoureuses que les autres filles qui n'ont jamais dû se prostituer. Outre cette rééducation sur le plan amoureux ou sexuel, il ne leur est pas facile de faire confiance à leur partenaire. Une jeune fille qui a été prostituée par son petit ami nous a raconté combien elle se méfiait désormais de tous les garçons, derrière lesquels elle voit toujours un proxénète en puissance.

Tout comme chez les victimes d'abus sexuels, une grande confusion des sentiments se rencontre chez les victimes de la prostitution juvénile. Le corps peut parfois ressentir du plaisir alors que la raison vit quelque chose de contraire. La différence même entre souffrance et plaisir n'est pas toujours évidente, en particulier pour des jeunes soumises à des actes qui leur répugnent ou les font souffrir, tout en étant susceptibles de procurer certaines stimulations érotiques. Souffrance et plaisir peuvent coexister. Si ces jeunes filles ont éprouvé des gratifications sexuelles, elles se sentiront coupables de dénoncer leurs clients ou leurs proxénètes, confuses aussi face à elles-mêmes. Comment peuvent-elles se voir, dès lors, comme des victimes ? Que vaudra leur témoignage contre leurs abuseurs au tribunal ? Interpréter sa propre sexualité est pour tout être humain une chose fort complexe. Pour les jeunes qui ont vécu des émotions discordantes, comme c'est fréquemment le cas dans la prostitution juvénile, cela devient plus compliqué encore.

Pour de nombreuses jeunes filles, leurs expériences avec les gars des gangs de rue, puis avec des clients, étaient leurs toutes premières relations sexuelles (ce qui dément le mythe de la « fille facile » – et d'ailleurs, qu'est-ce qu'une « fille facile » ? pourquoi l'expression ne se décline-t-elle jamais au masculin ?). Cela rend plus ardu encore de faire la part des choses entre une sexualité consentie et une sexualité imposée. Ce n'est pas parce qu'on expérimente des sensations physiques en général associées au plaisir qu'il y a forcément satisfaction et abandon de soi. Pour les clients de la prostitution juvénile – comme pour les agresseurs sexuels, du reste –, l'orgasme, feint ou réel, de leur partenaire est perçu, à tort, comme un signe évident de participation volontaire, de consentement. Or, tel n'est pas le cas, comme plusieurs victimes en ont témoigné.

La capacité à faire confiance à autrui se trouve émoussée après un passage dans le monde impitoyable de la prostitution juvénile et du milieu criminalisé qui l'entoure. « Chat échaudé craint l'eau froide », dit le proverbe. Les intervenants sociaux et les policiers se plaignent de la difficulté à entrer en contact avec ces jeunes filles : leur confiance doit se mériter. C'est un réflexe d'autodéfense. Le milieu des gangs de rue et de la prostitution est implacable : pour y survivre, les filles doivent apprendre rapidement à garder le silence, à « oublier », à ne faire confiance à personne. Il serait déraisonnable de le leur reprocher.

Une autre attitude paradoxale se rencontre parfois chez ces jeunes femmes : elles ont gagné beaucoup d'argent avec leur corps, que l'on disait désirable, ce qui pourrait être perçu comme valorisant dans notre culture. Mais, simultanément, ce corps a été malmené, violenté même, comme s'il s'agissait d'un objet dont tout homme peut disposer à sa guise, et cela n'est pas particulièrement valorisant. L'estime d'elles-mêmes de ces jeunes femmes en a souffert. Elles ressortent meurtries de ces expériences : qu'on leur dise aujourd'hui qu'elles sont belles, et les voilà méfiantes. Elles ont payé le prix pour savoir que la beauté peut être exploitée, profanée même. Elles savent maintenant que sous les compliments peuvent se dissimuler les pires pièges.

Retourner dans son milieu de vie d'origine après être passée par la prostitution juvénile ne va pas de soi non plus. En dépit du contrôle qu'exerçait sur elles le gang, certaines jeunes filles ont le sentiment qu'elles étaient alors plus libres ou autonomes qu'elles ne l'étaient dans leur milieu d'origine (en particulier, celles que nous avons appelées les *aventureuses*). Se retrouver encadrée par leur famille – ou son substitut – peut même leur apparaître comme une privation de liberté qui va les inciter à retourner dans la prostitution. Pour celles qui se sont identifiées au gang, qui sont encore amoureuses de leur proxénète, voire qui manifestent le syndrome de Stockholm, ce retour aux mains de ceux qui abusent d'elles est hélas prévisible. Cela donne lieu à des fugues à répétition, jusqu'à la majorité de la jeune femme ou encore jusqu'à ce qu'un événement particulièrement dramatique remette en question son choix de vie, puisque cela semble alors en être un.

Comment peut-on aider ces jeunes filles et contrer la prostitution juvénile ?

Pour un chercheur qui a longtemps été intervenant psychosocial et qui enseigne aujourd'hui, entre autres choses, les principes de l'intervention sociale, il était impensable de conclure un ouvrage sur la prostitution juvénile sans dire quelques mots de la façon dont on peut venir en aide à ces jeunes. En effet, depuis la publication, en 1987, des *Enfants de la prostitution*, nous n'avons pas changé d'opinion. À l'époque, parce qu'elle était associée à la délinquance, la prostitution juvénile ou même enfantine était perçue comme le problème, voire la responsabilité, de ceux et celles qui en étaient les victimes. Nous osons croire que cette perception a changé. Rappelons néanmoins les prémisses qui peuvent contribuer à améliorer l'intervention sociale auprès de ces jeunes. Mieux, appliquons-les spécifiquement aux jeunes filles prostituées par des gangs de rue.

Il est important de comprendre que les jeunes qui s'adonnent à la prostitution ont des besoins à satisfaire. Comme nous l'avons vu précédemment, il existe des jeunes filles qui y viennent par attachement ou dépendance à l'égard de leur amoureux, d'autres qui croient pouvoir faire un coup d'argent ou mener une vie palpitante comme dans les films. Même celles qui finissent par se retrouver au rang d'esclaves sexuelles se sont d'abord retrouvées là d'elles-mêmes, en croyant que ce qu'on leur proposait pouvait représenter une solution pour elles (ou leurs copains). C'est en leur faisant miroiter des choses agréables – l'amour, l'argent, l'aventure – qu'on les a attirées, puis flouées.

On ne le dira jamais assez, les activités de prostitution de ces jeunes visent à satisfaire certains besoins chez elles ou leurs proches (en particulier quand il s'agit d'un petit ami enclin au proxénétisme). La prostitution est un comportement stratégique, essentiellement orienté vers des résultats concrets, à court ou moyen terme. Par exemple, il peut s'agir de gagner de l'argent, de survivre lors de fugues, d'adhérer à ce milieu d'appartenance qu'est le gang ou la famille de son proxénète, de recevoir l'attention de clients adultes. Même s'il y en a une ou deux qui dominent, comme le montre notre tableau de la page 47, plusieurs motivations peuvent être à l'origine des activités de prostitution d'une jeune fille. À la limite, chaque jeune qui s'adonne à la prostitution le fait pour un ensemble de motifs différents ; cette activité relève parfois de choix volontaires, mais elle traduit plus souvent l'absence de choix devant les aléas, les contingences et les contraintes de sa vie. Tout le monde veut se faire une place en étant aimé et respecté. Bien peu de gens, s'il en existe, choisiraient parmi toutes les options possibles, et sachant ce qui les attend, de devenir prostitués aux mains de gangs de rue !

Entre les résultats recherchés par ces jeunes quand elles ont commencé à se prostituer et les résultats réellement atteints quelques mois ou quelques années plus tard, il y a souvent un écart important. C'est précisément la conscience de cet écart, entre ce qui était espéré et ce qui s'est vraiment passé, qui motivera éventuellement la personne à abandonner cette activité et à fuir ce milieu. L'expérience tend à démontrer que seule l'insatisfaction, la frustration ou la déception ressentie par une fille (ou un garçon) face à sa prostitution pourra susciter puis entretenir sa motivation à s'en sortir. Une jeune personne satisfaite par sa prostitution – fût-ce momentanément – ne sera réceptive à aucune intervention pour l'aider. Et cette tentative sera dès lors vouée à l'échec.

Si nous acceptons de voir dans la prostitution une stratégie mise en œuvre par une adolescente pour atteindre certains résultats (tels que la sensation d'être aimée, le gain matériel, l'attention d'autrui, la fuite en avant, etc.), notre intervention sera centrée sur la recherche active de stratégies de rechange. Autrement dit, il s'agit de trouver des moyens pour répondre tout autant, sinon davantage, mais autrement, aux mêmes besoins, tout en diminuant les frustrations vécues (parmi lesquelles : se retrouver à la merci d'un réseau, d'un souteneur, des clients, de la drogue, de la violence entre pairs, etc.). On ne peut jamais mettre fin aux activités de prostitution des jeunes de façon durable par la force, la menace ou la coercition. Si nous voulons combattre les méfaits des gangs de rue, nous ne devons pas utiliser leurs tactiques.

Il est important par ailleurs de dévictimiser les jeunes concernées, en particulier lors des poursuites judiciaires contre leurs proxénètes ou leurs clients. Leur apport prouve à ces adolescentes qu'elles ont repris en main leur propre vie et qu'elles sont en mesure, avec l'aide de la justice (pourvu que celle-ci les entende), d'affronter ceux qui leur ont fait du tort, que cela soit sciemment ou non. Certes, il faut beaucoup de courage pour se dresser contre ses proxénètes ou ses clients abuseurs, mais si les victimes trouvent du soutien et un climat de respect chez les intervenants et les policiers, les procureurs et les juges, c'est un pari qui peut être gagné.

Comment être à l'affût des besoins et des frustrations de ces jeunes ? Comment susciter ou soutenir leur motivation à sortir de la prostitution ou du milieu qui l'encourage ? Sans vouloir proposer de recettes magiques, voici quelques principes d'intervention qui se sont avérés fructueux à l'usage :

1) Être capable de créer une relation de confiance et d'authenticité avec ces jeunes. Pour peu qu'on soit convaincu qu'il ne s'agit pas de les «thérapeutiser», de les moraliser, de les blâmer ou de les enfermer de force[20], ce qui importe c'est de les comprendre, de vouer une attention et un intérêt réels à leur sort. Attention : ces jeunes femmes ont appris à évaluer en quelques instants à qui elles ont affaire. Vous ne les roulerez pas. Et il se peut que

beaucoup de temps soit nécessaire avant de mériter leur confiance. Ne feriez-vous pas de même à leur place ?

2) Accepter d'apprendre de ces jeunes, de leur expérience, de leur différence. Les juger marginales, déviantes, immatures, c'est se couper de la relation de dialogue nécessaire à toute relation d'aide efficace. Plus leur expérience de vie, leurs caractéristiques, leurs valeurs et leurs perceptions sont différentes des vôtres, plus vous tirerez parti de ce qu'elles peuvent vous apprendre. Il importe d'être disponibles à l'égard des jeunes marginalisés, ouverts à leur expression, attentifs à leurs besoins et à leurs émotions, respectueux de leur différence. Comprendre la vision que chaque jeune a de sa prostitution et des circonstances qui l'ont amené là demeure indispensable à toute relation d'aide.

3) Savoir faire contrepoids aux stéréotypes dépréciateurs accolés à ces jeunes femmes (par exemple, la croyance séculaire selon laquelle elles seraient amorales). Souvent, une première intervention consistera à relever l'image de soi négative qu'ont développée ces jeunes (c'est tout particulièrement le cas pour les filles que nous avons décrites comme des *soumises* et des *esclaves sexuelles*).

4) Dès les premiers contacts, il importe de faire part à ces jeunes de notre analyse du phénomène de la prostitution et de situer comment nous concevons notre rôle d'aidant. Elles sont libres de partager ou pas notre analyse mais, si nous devons cheminer ensemble, aussi bien qu'elles sachent à quelle enseigne nous logeons. Aussi, un échange sur nos perceptions de la prostitution, qu'elles soient divergentes ou convergentes, doit être encouragé. Il en va de même pour le contrat d'aide sur lequel nous devons nous entendre : c'est la prostitution juvénile que nous voulons combattre, pas les jeunes qui en font, cela doit être clair.

5) Identifier les avantages et les désavantages que la jeune fille a trouvés dans la prostitution est un passage obligé. Nous devons ensemble poser la question : quels sont les besoins qui trouvaient une réponse dans la prostitution et quels sont les besoins qui demeuraient alors ou qui demeurent encore frustrés ? L'idéal consiste à faire avec la jeune personne concernée un bilan écrit des choses positives et des choses négatives qu'elle a vécues dans la prostitution. Une simple feuille blanche séparée en deux colonnes où sont alignés d'un côté les avantages et de l'autre les désavantages de cette activité peut servir à amorcer réflexions et discussions. Ce bilan est l'occasion d'envisager avec les jeunes des alternatives qui permettent de satisfaire les mêmes besoins, autant que faire se peut, tout en recherchant en plus des réponses réalistes aux besoins niés par leur prostitution.

6) Une fois identifiés les besoins et les frustrations qui perdurent, la recherche de solutions de rechange exige de faire preuve d'imagination, d'innovation et d'ouverture d'esprit. Il s'agit après tout pour ces jeunes de remplacer leur réseau de relations liées à la prostitution (les amis, le gang, les lieux de fréquentation) et de lui substituer d'autres occasions de socialiser et de se valoriser. Pour ce faire, le travail à accomplir est immense. Presque tout reste à faire, à commencer par les ressources de dépannage et d'hébergement. Il faudrait aussi plus de programmes et de régimes scolaires adaptés à celles qui ont abandonné l'école ou qui manifestent à cet égard un retard marqué. Quant à l'intégration au travail, surtout pour les plus âgées, cela ne va pas de soi non plus. En particulier pour les jeunes femmes que nous avons appelées les *aventureuses* ou les *indépendantes*, le marché du travail semble à première vue peu concurrentiel, sur le plan financier, avec celui de la prostitution.

7) S'assurer que les jeunes reçoivent, au besoin, des services d'assistance médicale et juridique adéquats. Les soins requis à cause d'un état de santé déficient ou pour des maladies transmises sexuellement non encore traitées doivent être dispensés par des personnes sensibilisées au phénomène de la prostitution des jeunes. Il en va de même pour les consultations juridiques: nombre de ces jeunes filles ont vu leurs droits lésés; quelques-unes ont aussi lésé ceux d'autrui en participant à des délits. Toutes ont droit à des conseils éclairés.

8) Dans bien des cas, il est nécessaire d'affronter une dépendance à l'alcool ou à la drogue. Parfois, une réadaptation s'impose. Sa nécessité n'est pas facile à admettre pour une jeune qui nierait ou minimiserait sa consommation de drogue. Le meilleur moyen d'obtenir une évaluation réaliste de la situation est de demander non pas si la personne surconsomme de la drogue ou de l'alcool mais POUR COMBIEN elle en consomme chaque jour ou chaque semaine. La même qui, un moment plus tôt, vous assurait ne pas avoir de problème du genre vous parlera des centaines de dollars et plus qu'elle dépense hebdomadairement… Mais attention: là encore, pas question de brusquer les choses. Une désintoxication psychologique – a fortiori physique – requiert motivation et détermination. Nous pouvons les susciter et les entretenir. Pas les forcer. Malheureusement, c'est parfois seulement une grande déchéance physique ou psychologique qui amènera la personne à prendre conscience de sa surconsommation d'alcool ou de drogue.

9) Dans le cours de l'intervention auprès de ces jeunes, il est primordial de leur faire vivre dès que possible des succès hors de la prostitution. Montrer que la personne elle-même et les aidants naturels ou professionnels qui l'entourent peuvent arriver à impulser des changements dans son quotidien est primordial. Ce n'est pas dans les salles

de thérapie que les gens changent ou ont besoin de changer, mais dans la vraie vie, celle de tous les jours. Le cercle de dépendance qui se retrouve si souvent dans le vécu des filles amoureuses de leur proxénète, par exemple, doit absolument être brisé. Cela n'est pas évident ; il faut parfois autant de temps pour se sortir de la prostitution qu'on en a mis à s'y enfoncer. D'où l'importance du point suivant.

10) Même pour les jeunes filles bien entourées par leur famille, il y aura des liens de compréhension, de support et d'affection à ressouder. Une jeune réussit rarement à se sortir seule de la prostitution : intervenants, parents, famille, amis, bénévoles, tous ont un rôle à jouer. Des groupes d'entraide pour ex-victimes de la prostitution peuvent aussi être utiles (un peu sur le modèle des groupes mis sur pied pour les ex-victimes d'agressions sexuelles, par exemple). Dans le cas où des traumatismes ont été vécus, une aide professionnelle avisée est impérativement requise. Enfin, il faut aussi apporter du soutien aux parents pour les aider à mieux comprendre leur enfant (accepter comme personne la jeune qui s'est prostituée ne signifie pas forcément accepter sa prostitution).

Bref, l'intervention consiste essentiellement à aménager différemment et de façon constructive les conditions de vie des jeunes. Avant de songer à des thérapies de tout acabit ou à des « arrêts d'agir » (en centre d'accueil sécuritaire, par exemple), avons-nous seulement pensé à un milieu de vie stable pour ces jeunes, à un environnement adulte sécurisant ? Avons-nous songé à leur procurer un havre de paix, ce qu'elles ont dans certains cas rarement connu ? Avons-nous recherché avec elles des projets viables et des défis stimulants ? Que veulent-elles faire de leur vie ? Quels sont leurs rêves ? Comment commencer à les réaliser ? Comment peuvent-elles continuer à gagner du pouvoir sur leur propre vie ? Seule la vie qui court arrive à réparer la vie passée.

Pour changer les choses, une concertation entre les parents ou les proches, les intervenants sociaux ou communautaires et les policiers est plus que souhaitable. Qu'il s'agisse de faire de la prévention, de dépister des réseaux exploitant des mineures, de recueillir des informations sur le milieu de la prostitution juvénile transitant par les gangs de rue ou encore d'aider des jeunes filles à s'en sortir – fût-ce en leur garantissant dans un premier temps au moins une oreille attentive –, le travail à effectuer est colossal ; il nécessite une collaboration active et fructueuse entre toutes les personnes ressources concernées. Tant que les gangs de rue et les mafias qui les épaulent (et, à un moindre degré, les clients) seront mieux organisés que ceux qui entendent les combattre, le rapport de force ne sera pas à l'avantage de ces derniers. Seule une mobilisation collective peut arriver à modifier les choses de façon significative.

Augmenter la lourdeur des peines imposées par les tribunaux aux clients des mineures prostituées, voilà de loin la recommandation la plus souvent entendue chez les intervenants et les victimes que nous avons interviewés. On doute fort que des amendes ou des travaux communautaires réussissent à dissuader durablement les clients de la prostitution juvénile – autant ceux qui sont condamnés que ceux qui ne se font pas arrêter. Ce type de sentence escamote, de surcroît, le fait suivant : profiter sexuellement de jeunes filles mineures manifeste sans doute des problèmes personnels ou relationnels qu'il vaudrait la peine de considérer et de traiter en relation d'aide. Des sentences de probation obligeant les ex-clients à recevoir de l'aide pour apprendre à contrôler leur inclination pour des mineures devraient être la règle (même s'il reste beaucoup à faire pour améliorer le suivi thérapeutique en ce domaine).

Une certaine tolérance sociale banalise les activités de prostitution, même de mineures. La Loi sur la protection de la jeunesse au Québec oblige, en principe, toute personne à signaler les cas où des personnes de moins de 18 ans voient leur santé ou leur sécurité menacées. Or, cet article de loi n'est pour ainsi dire jamais appliqué. Dans le cas de la prostitution juvénile, notamment celle sous le contrôle de gangs de rue, cette obligation de signalement devrait être plus effective. Pour plusieurs intervenants interrogés, cette banalisation de la prostitution juvénile contribue à ce que les clients se sentent peu coupables et que les gangs craignent moins de pratiquer le proxénétisme. Pire : ce sont les jeunes filles qui se retrouvent plus ou moins subtilement blâmées de s'être retrouvées là. Pour combattre la prostitution juvénile, et non pas celles qui y sont prises au piège, une vigilance citoyenne est requise.

Comme nous l'avons suggéré plus haut, il est primordial que les juges et les procureurs soient mieux informés des séquelles possibles de sévices sexuels, notamment dans la prostitution juvénile. Ne pas tenir compte des réactions à des stress post-traumatiques ou encore au syndrome de Stockholm peut non seulement mettre en péril le bon déroulement de la justice mais porter préjudice à des victimes, en particulier lorsqu'on s'attend à ce qu'elles témoignent en cour comme des témoins neutres. Dans le contexte de violence souvent présente dans la prostitution juvénile, il faut impérativement tenir compte de la fragilité des victimes.

En voyant le parcours de jeunes filles tombées aux mains de gangs de rue, comment ne pas déplorer que peu d'entre elles aient eu le moindre contrôle sur leur vie sentimentale ou amoureuse? Le féminisme ne veut rien dire pour des jeunes filles qui sont prêtes à tout ou presque pour l'amour de garçons. Existe-t-il beaucoup de jeunes hommes prêts à se prostituer contre leur gré pour l'amour d'une femme? Poser la question, c'est y répondre, et c'est surtout réaliser que la condition des femmes reste problématique : trop de jeunes filles croient qu'il est normal de se sacrifier, corps et âme, pour mériter l'amour d'un jeune homme, fût-il proxénète.

Le phénomène qu'on appelle l'hypersexualisation des jeunes filles participe à cette culture qui fait en sorte qu'elles ont des rapports sexuels de plus en plus tôt sans être forcément prêtes à gérer leurs sentiments et les situations dans lesquelles elles se placent. Au moment d'écrire ces lignes, il est question d'augmenter de 14 à 16 ans l'âge du consentement sexuel au Canada. Des intervenants font toutefois remarquer que cela n'aurait rien changé pour les mineures impliquées dans des réseaux de prostitution. Et cela n'aurait vraisemblablement pas contribué à alourdir les peines imposées à leurs clients.

Plusieurs intervenants que nous avons rencontrés ont aussi déploré ne pas être suffisamment formés ou informés au sujet des gangs de rue, de leurs activités et de leur fonctionnement. Certes, il s'agit d'un phénomène relativement nouveau, du moins au Québec et au Canada, et d'une réalité mouvante. Ce n'est qu'une raison de plus pour déployer des ressources d'information, de sensibilisation et de formation pour faire en sorte que les intervenants sur le terrain soient mieux outillés. Actuellement, on fonctionne davantage avec des préjugés et du ouï-dire qu'avec des informations validées.

Bien que notre propos ne soit pas de traiter du phénomène des gangs de rue en lui-même, leur implication dans la prostitution juvénile appelle une prévention et une intervention accrues de ce côté-là aussi. L'appartenance à un gang répond à un réel besoin chez beaucoup de jeunes hommes, en particulier s'ils sont pauvres, exclus, marginalisés. Besoin d'autodéfense, d'identification, d'appartenance, voilà des aspirations légitimes. Pourquoi les gangs de rue semblent-ils répondre à ces besoins ? Pourquoi les gangs représentent-ils une solution en apparence idéale pour un si grand nombre de jeunes ? On aurait avantage à se poser ces questions. Et surtout à se demander s'il n'existerait pas des moyens différents pour que ces jeunes atteignent leurs buts. Qu'avons-nous d'autre à leur proposer, très concrètement ?

Tous les observateurs de ce milieu, en particulier les policiers, notent une augmentation de la violence chez les gangs. Le temps où l'on considérait ces gangs comme inoffensifs, comme « seulement des bandes de jeunes » qui finiraient par se dissoudre d'elles-mêmes, est révolu. Non seulement les membres de gangs ne sont plus forcément très jeunes, mais leurs méfaits et leurs crimes n'ont rien à envier à ceux du crime organisé. Il y a un moment où, manifestement, il importe de sévir. Encore faut-il le faire de façon à ne pas renforcer les sentiments d'injustice et de rejet vécus par de nombreux membres de gangs (mais plutôt de façon à les rendre conscients de la portée de leurs activités criminelles). Un fondateur d'un des tout premiers gangs de rue a consacré une partie de sa vie, en attendant d'être exécuté en prison aux États-Unis, à mettre en garde les jeunes contre la fausse solution que représentent les gangs de rue. Comme quoi il est possible de conscientiser même les plus récalcitrants, même les plus durs (et l'éventualité de faire face à la peine de mort n'est sûrement pas nécessaire pour atteindre cet objectif!). La prison, lorsqu'elle semble inévitable, peut être autre chose qu'une école du crime.

Dans notre enquête, une idée est revenue comme un leitmotiv : la nécessité d'un soutien accru aux parents des jeunes filles et aussi des jeunes hommes aux prises avec les gangs de rue. Des proches des jeunes filles identifiées dans les réseaux de l'affaire Scorpion, à Québec, ont déploré par exemple que le soutien qu'ils ont reçu a été trop faible ou trop tardif. Malgré toute leur bonne volonté, les groupes communautaires n'avaient pas forcément l'expertise souhaitée, et les services publics encore moins. C'est plus souvent qu'autrement la qualité et l'engagement personnel d'un intervenant policier ou d'une intervenante sociale qui ont su faire la différence. Il est vrai que, dans bien des cas, les parents étaient tellement dépassés par les événements qu'ils n'ont même pas su demander de l'aide. Non moins problématique a été la situation des parents des jeunes proxénètes : l'opprobre de voir leur fils reconnu coupable, d'être jugés comme « mauvais parents » dans leur communauté et d'être de surcroît victimes de racisme, c'est aussi très lourd à porter. Le sentiment d'avoir contribué à la situation en fermant les yeux ou en profitant, d'une façon ou d'une autre, de l'argent du proxénétisme n'a rien de valorisant, non plus.

Conclusion

L'implication des gangs de rue dans la prostitution juvénile féminine redéfinit le phénomène. C'est pourquoi nous avons tant besoin de développer nos connaissances sur ces deux réalités, encore largement méconnues et clandestines. Nous aurions souhaité aborder bien d'autres questions dans notre recherche, mais le temps nous a manqué et les circonstances ne nous ont pas toujours été favorables. À vrai dire, à mesure que nous trouvions des réponses, de nouvelles questions surgissaient. Il apparaît évident que d'autres recherches doivent être menées sur des aspects déterminants de la prostitution juvénile et de la criminalité des gangs de rue, notamment sur les thèmes suivants :

- les motivations spécifiques pour devenir membre d'un gang de rue et, le cas échéant, devenir par la suite proxénète de personnes mineures ;
- les profils particuliers des garçons qui deviennent proxénètes à l'intérieur de gangs de rue : par exemple, quel pourcentage de ces derniers ont eux-mêmes été victimes d'agressions physiques ou sexuelles ? combien ont eux-mêmes déjà fait de la prostitution ? quels sont leurs antécédents personnels ou familiaux ?
- les motivations des clients de la prostitution juvénile – ce champ demeurant notablement peu exploré (quoique nous ne doutions pas des problèmes méthodologiques et éthiques que poseraient de telles recherches) ;
- le soutien à apporter aux jeunes filles vulnérables à la prostitution ou aux garçons attirés par

le proxénétisme, à leurs familles et à leur milieu de vie afin de les aider à contrer l'action des gangs de rue;
- les facteurs de vulnérabilité spécifiques aux jeunes filles qui tombent sous la coupe de proxénètes membres de gangs de rue;
- le processus de sortie de la prostitution juvénile chez les jeunes femmes qui s'en sont effectivement sorties, que ce soit avec ou sans aide extérieure;
- les liens de collaboration entre les gangs de rue et les autres organisations criminelles, notamment les motards criminalisés et les mafias, dans la prostitution des jeunes femmes (en particulier des mineures) et dans l'exploitation du sexe en général (y compris la pornographie juvénile);
- l'implication des gangs et du crime organisé dans la prostitution juvénile masculine, implication qui, selon certains informateurs, serait en progression.

Les jeunes proxénètes des gangs de rue et les jeunes filles prostituées par ces derniers ont au moins une chose en commun : ils ne veulent pas être des exclus, ils ne veulent pas être des perdants. En dépit ou à cause de leurs problèmes personnels, familiaux ou sociaux, ils entendent prendre tous les moyens, licites ou illicites, pour parvenir à leurs fins. À la limite, on pourrait dire que certains de ces garçons – et quelques jeunes femmes plus expérimentées qui leur servent de rabatteuses – prostituent des jeunes filles pour ne pas (ou ne plus) avoir à le faire eux-mêmes.

Les gangs naissent de la peur et de l'exclusion, avant d'en produire à leur tour. Comment briser ce cercle? Telle est l'une des questions qui se posent tous les jours aux intervenants sociaux et policiers qui ont à affronter le problème. Comment faire en sorte que les activités illicites proposées par les gangs de rue (en particulier le proxénétisme et la prostitution juvénile) semblent moins attrayantes pour les jeunes, garçons et filles, qui s'y adonnent?

Parler de prévention, c'est aussi parler des clients qui t à l'origine de la prostitution juvénile. Il faudrait mettre sur pied d'imaginatives campagnes de communication afin de sensibiliser les clients, actifs ou potentiels, aux séquelles de la prostitution des mineures. De ce marché humain, ils ne voient que le « bon côté » : leur propre satisfaction sexuelle. Confronter les clients aux conséquences de leurs actes, c'est les forcer à reconnaître les méfaits produits par leur inconduite. Cette tactique a été appliquée, avec un certain succès, auprès d'agresseurs sexuels d'enfants. Le message doit être clair : le désir, quel qu'il soit, n'étant pas une maladie guérissable, chaque homme a la responsabilité de respecter la liberté et l'intégrité physique d'autrui, a fortiori lorsqu'il s'agit de jeunes en état de vulnérabilité, et de contrôler ses pulsions prétendument irrépressibles.

Toutes les parties en cause dans la prostitution juvénile transitant par les gangs de rue ont un point en commun : elles poursuivent certaines satisfactions. Les membres de gangs qui sont proxénètes cherchent à faire de l'argent rapidement et facilement avec le travail sexuel des filles qu'ils incitent à se prostituer. Ces filles elles-mêmes cherchent pour certaines à être aimées, pour d'autres, à vivre l'aventure et une certaine indépendance, ou du moins en avoir l'impression. Quant aux clients, ils recherchent excitation et gratification sexuelles avec de toutes jeunes femmes afin de se donner l'impression qu'ils sont encore séduisants, qu'ils contrôlent leurs relations avec les femmes, qu'ils peuvent se jouer des tabous et des interdits. La prostitution juvénile est un marché, mais c'est très certainement un marché de dupes.

Annexe

La prostitution juvénile, le Code criminel canadien et la justice

Une certaine confusion règne à l'égard de la répression juridique de la prostitution juvénile et de la protection légale des jeunes filles soumises à des proxénètes. Cette confusion émane en partie du fait que la prostitution adulte n'est pas illégale au Canada, bien que trois catégories d'activités s'y rapportant le soient, soit :

1) la tenue ou l'habitation d'une maison de débauche (art. 210 du Code criminel) ;
2) le proxénétisme ou le fait de vivre des fruits de la prostitution (art. 212) ;
3) le fait de communiquer dans un endroit public dans le but de se livrer à la prostitution (art. 213).

Or, contrairement à la prostitution adulte, *la prostitution juvénile est spécifiquement proscrite* dans le Code criminel canadien à l'article 212.(4). Selon le libellé de cette loi :

> Quiconque, en quelque endroit que ce soit, *obtient*, moyennant rétribution, *les services sexuels* d'une personne âgée de moins de dix-huit ans ou *communique avec quiconque en vue d'obtenir*, moyennant rétribution, de tels services, est coupable d'un acte criminel et passible d'un emprisonnement maximal de cinq ans, *la peine minimale étant de six mois*[21].

Il en va de même pour le proxénétisme de personnes de moins de 18 ans, qui, depuis 2005[22], est punissable d'*une peine minimale de 2 ans d'emprisonnement*, la sentence maximale demeurant à 14 ans de prison en vertu de l'alinéa 2 de ce même article. Le Code criminel interdit en effet de vivre « entièrement ou en partie des produits de la prostitution d'une autre personne âgée de moins de dix-huit ans ». À cela, le législateur permet, à l'article 212.(2.1), d'imposer *une peine minimale de 5 ans d'emprisonnement* à quiconque sera reconnu coupable de proxénétisme d'une personne de moins de 18 ans si, à la fois :

a) aux fins de profit, il l'aide, l'encourage ou la force à s'adonner ou à se livrer à la prostitution avec une personne en particulier ou d'une manière générale, ou lui conseille de le faire ;
b) il use de violence envers elle, l'intimide ou la contraint, ou tente ou menace de le faire.

À cet égard, il importe de rappeler que l'imposition de peines minimales s'avère une mesure d'exception au Canada, réservée aux crimes que le législateur estime d'une gravité certaine, notamment ceux liées aux délits avec arme à feu ou à l'encontre des enfants[23].

Aussi, ceux qui craignent que la légalisation de la prostitution adulte – comme aux Pays-Bas – ou sa décriminalisation – comme en Nouvelle-Zélande – ne vienne atténuer les outils juridiques pour intervenir en matière de prostitution juvénile, font l'amalgame entre des réalités et des lois fort différentes. Ceux qui estiment que l'augmentation de l'âge du consentement permettra de mieux protéger les adolescentes que l'on prostitue oublient quant à eux une chose importante : l'âge de consentement en matière de prostitution est *déjà* fixé à 18 ans.

Les autorités compétentes peuvent également intervenir de diverses façons pour protéger les jeunes filles des violences de la prostitution, des proxénètes ou des clients. Elles peuvent en effet utiliser les articles 271 à 273 du Code criminel canadien, qui concernent les agressions sexuelles[24], ou encore les articles 265 à 269 du même code sur les voies de fait. L'article 265 est particulièrement intéressant pour contrer le proxénétisme, car il stipule que quiconque se livre à une agression de manière intentionnelle, emploie la force directement ou indirectement contre une autre personne sans son consentement, tente ou menace, par un acte ou par un geste, d'employer la force contre une autre personne, est coupable de voies de fait. Par voies de fait, le législateur prend le soin de préciser qu'il entend désigner les agressions sexuelles, les agressions sexuelles armées, les menaces à une tierce personne ou l'infliction de lésions corporelles. La peine maximale encourue pour voies de fait est de cinq ans de prison (art. 266). Un problème demeure cependant concernant l'application de cette loi. Bien que l'alinéa 3 de l'article 265 souligne que le consentement ne peut être invoqué comme moyen de défense s'il y a eu emploi de la force, menace ou crainte de l'emploi de la force, fraude, ou encore, si cela s'est produit dans un contexte d'autorité, il revient au juge de décider si la défense de consentement est valide ou non. Or, notre étude a montré toute l'ambiguïté qui peut persister chez la jeune fille à l'égard de sa relation avec son proxénète, qui est ou a souvent été son amoureux. Témoigner contre lui ne va pas de soi – et c'est sans compter les menaces indirectes que les proches du garçon ou les autres membres du gang peuvent faire à la jeune ou à sa famille. C'est dans cette optique que nous avons précédemment recommandé qu'une meilleure formation soit disponible pour les juges sur ces réalités sociales que sont les gangs de rue et les types de prostitution qu'ils contrôlent. Sans compter, bien sûr, la détresse et l'ambivalence de leurs victimes.

Pour ce qui est de la protection juridique des jeunes âgés de moins de 14 ans (au moment d'écrire ces lignes, il est fortement question de porter cet âge à 16 ans), le Code criminel canadien interdit tout contact sexuel avec eux en vertu des articles 151, 152 et 153. En outre, l'article 150.1(1) précise que les adultes ne peuvent utiliser la défense de consentement de l'enfant pour justifier leur comportement[25]. Sur le plan des sentences, ces trois articles sont passibles de peines minimales d'emprisonnement. Ainsi, l'article 151 stipule que :

> Toute personne qui, à des fins d'ordre sexuel, *touche directement ou indirectement, avec une partie de son corps ou avec un objet*, une partie du corps d'un enfant âgé de moins de quatorze ans est coupable :
> *a*) soit d'un acte criminel passible d'un emprisonnement maximal de dix ans, *la peine minimale étant de quarante-cinq jours* ;
> *b*) soit d'une infraction punissable sur déclaration de culpabilité par procédure sommaire et passible d'un emprisonnement maximal de dix-huit mois, *la peine minimale étant de quatorze jours*[26].

L'article 152 sur l'incitation aux contacts sexuels édicte que :

> Toute personne qui, à des fins d'ordre sexuel, invite, *engage ou incite* un enfant âgé de moins de quatorze ans à la toucher, à se toucher ou à toucher un tiers, directement ou indirectement, avec une partie du corps ou avec un objet est coupable :
> *a*) soit d'un acte criminel passible d'un emprisonnement maximal de dix ans, *la peine minimale étant de quarante-cinq jours* ;
> *b*) soit d'une infraction punissable sur déclaration de culpabilité par procédure sommaire et passible d'un emprisonnement maximal de dix-huit mois, *la peine minimale étant de quatorze jours*[27].

Finalement, en vertu de l'article 153.(1) du Code criminel canadien, les peines minimales pour les personnes en situation d'autorité qui exploitent sexuellement les enfants sont de 45 jours de prison, avec un maximum de 10 ans d'emprisonnement pour une accusation en cour criminelle. Dans le cas d'une déclaration de culpabilité par procédure sommaire, la peine minimale est de 14 jours d'emprisonnement, la peine maximale de 18 mois.

À la lumière de ces articles du Code criminel, les lois actuelles nous paraissent adéquates pour faire face à l'exploitation sexuelle des jeunes en général et à la prostitution juvénile en particulier. C'est dans la réaction sociale à ces réalités, allant parfois jusqu'à les minimiser ou les nier, dans le sort réservé aux victimes par le système judiciaire et dans l'évaluation par les juges de la gravité des actes commis et de leurs séquelles qu'il y aurait vraisemblablement place à une certaine amélioration.

Notes

1. Soulignons celles de Mathews (1993); Blondin (1993); Hébert, Hamel et Savoie (1997); Hamel, Fredette, Blais et Bertot (1998); Lanctôt et LeBlanc (1996 et 1997); Grégoire (2001); Tichit (2003); Perreault et Bibeau (2003) et Fournier, Cousineau et Hamel (2004). Par ailleurs, certains écrits journalistiques ont été également consultés lorsqu'ils apportaient des données nouvelles et pertinentes sur le phénomène, en particulier des témoignages d'experts.
2. Voir Symons (1999) et Grégoire (1998).
3. Voir notamment Vigil (1990); Spergel (1995); Miller (1998); Tichit (2003).
4. Certains garçons qui deviendront proxénètes ont eux-mêmes fait de la prostitution, hétérosexuelle ou homosexuelle, ou encore ont été sexuellement agressés dans leur jeunesse, ce que confirment les très rares recherches sur ce sujet qui demeure néanmoins tabou et qui nécessiterait d'être davantage documenté.
5. Voir notamment Grégoire (2001) et Fleury et Fredette (2002).
6. Il faut signaler au lecteur que très peu d'études québécoises ou canadiennes portent précisément sur l'implication des jeunes filles dans les gangs de rue. Outre la recherche de Lanctôt et LeBlanc (1997), *Les adolescentes membres de bandes marginales : un potentiel antisocial atténué par la dynamique de la bande ?*, qui tente de déterminer le niveau d'adaptation sociale et personnelle des jeunes filles de gangs de rue incriminées devant la cour de la jeunesse de Montréal, et le mémoire de maîtrise de Grégoire (2001) sur l'expérience des jeunes filles affiliées aux gangs, le peu d'études dont nous disposons provient des États-Unis. Voir notamment Burris-Kitchen (1997); Campbell (1990); Chesney-Lind (1989 et 1993); Chesney-Lind et autres. (1990, 1999, 2004); Curry (1998), Esbensen et autres. (1999); Knox (2004); Miller (2001), Molidor (1996), Moore et autres. (2001); Peterson et autres. (2001) Schalet et autres. (2003); Shelden et autres. (1996) et Taylor (1993).
7. Voir notamment Dodsworth (2000).
8. Au Québec, on pense notamment à la bande dessinée *Le silence de Cendrillon*, créée et largement diffusée par le Centre Jeunesse de Montréal.
9. Voir notamment : Joe et Chesney-Lind (1993); Molidor (1996); Miller (1998) et (2001); Moore et Hagedorn (2001); Nixon (2002); Fournier, Cousineau et Hamel (2004).

10. L'ouvrage de Yolande Geadah, *La prostitution, un métier comme un autre?* (VLB, 2003), illustre bien les débats auxquels ces divergences de points de vue donnent lieu.
11. D'autres études que la nôtre ont souligné l'importance du facteur financier dans la prostitution juvénile. Ainsi, Lane (2003) constate que la participation d'une jeune fille dans le commerce de la prostitution résulte souvent, en partie ou en totalité, d'une nécessité économique pour elle ou ses proches.
12. Voir Blondin (1995); Grégoire (2001); Knox (2004); Cousineau (2004); Baraby (2005).
13. Nous n'abordons pas la question de la prostitution masculine, fût-elle exercée par des mineurs, dans ce texte, notamment parce qu'elle est moins sous le contrôle des gangs de rue. Par ailleurs, une des précédentes recherches de l'auteur principal du présent ouvrage, publiée sous le titre de *Travailleurs du sexe* (VLB éditeur, 2003), traitait spécifiquement de la prostitution des jeunes hommes.
14. Voir Lowman (1987), Shaver (1996), Parent et Bruckert (à paraître).
15. Nous distinguons la pornographie de l'érotisme en raison de son caractère manifestement déshumanisant, violent, sadique même. La pornographie érotise des rapports de domination, l'avilissement des autres comme objets sexuels et la violence à leur endroit. Cela dépasse donc, et largement, la seule représentation de nudité ou de rapports consensuels, de type égalitaire, comme cela se voit en général dans l'érotisme.
16. Voir notamment: Conseil du statut de la femme (2002); Durocher et Fleury (2002); Fredette et Fleury (2003); Shaver (2005); Unicef (2001).
17. Pour en savoir plus sur le stress post-traumatique et sur le syndrome de Stockholm, lire Damiani (1997).
18. Gouvernement du Canada (1998); Conseil permanent de la jeunesse (2004); Dorais (1987); Durocher et Fleury (2002); Fredette et Fleury (2002); Lane (2003); Unicef (2001).
19. Voir Chesney-Lind et Sheldon (2004).
20. Nous ne disconvenons pas qu'il faille parfois protéger une jeune personne en la mettant hors du circuit du milieu de la prostitution et des gangs de rue. Mais une mesure de protection ne devrait JAMAIS être assimilée à une mesure punitive ou répressive. Trop de victimes ont par le passé été traitées de telle façon que cette nuance, primordiale, n'a pu se faire dans leur esprit. Il existe, du reste, plusieurs autres façons de protéger quelqu'un sans devoir recourir à des mesures lourdes d'hébergement ou, pire, de privation de liberté, du moins quand cette personne n'a commis aucun crime et qu'elle présente une certaine motivation à s'en sortir.
21. 2005, ch. 32, art. 10.1
22. 2005, ch. 32, art. 10.1
23. À la fin de la 38e législature, en 2005, le Code criminel canadien comportait 42 infractions passibles de peines minimales.
24. L'article 272.(2)(a) sur les assauts sexuels avec armes à feu impose une peine minimale d'emprisonnement de 4 ans.

25. 2005, ch. 32, art. 2.
26. 2005, ch. 32, art. 3.
27. 2005, ch. 32, art. 3.

Bibliographie

BARABY, Jean (2005), « Les gangs de rue : une action concertée pour un phénomène complexe et préoccupant », *10 ans de savoir*, mars, <www.fcsq.qc.ca/Publications/Savoir/Mars2005/Savoir-Pages-8-9.pdf>.

BLONDIN, Pierre (1993), « Les gangs de rue », dans Maurice Chalom et John Kousik [dir.], *Violence et déviance à Montréal*, Montréal, Liber, p. 91-103.

— (1995), « Les gangs de rue », *Pensons famille*, vol. 6, n° 42, janvier, <www.familis.org/riopfq/publication/pensons42/gang.rue.html>.

BOUAMAMA, Saïd (2004), *L'homme en question. Le processus du devenir-client de la prostitution*, Clichy, Mouvement du Nid.

BOUCHARD, Alain (2004), « Scorpion n'a rien changé à la réalité de la rue », *Le Soleil*, 30 septembre, p. A1.

BROUSSEAU-POULIOT, Vincent (2004), « Les gangs de rue en train de supplanter les Hell's Angels », *Le Soleil*, 5 août, p. A1.

BROWN, Waln K. (1977), « Black female gangs in Philadelphia », *International Journal of Offender Therapy and Comparative Criminology*, vol. 21, p. 221-228.

BRUCKERT, Christine, Colette PARENT et Pascale ROBITAILLE (2003), *Établissements de services érotiques/danse érotique : deux formes de travail marginalisé*, rapport de recherche, Commission du droit du Canada.

BURRIS-KITCHEN, Deborah (1997), *Female Gang Participation*, New York, The Edwin Mellen Press.

CAMPBELL, Anne (1984a), « Girl's talk the social representation of aggression by female gang members », *Criminal Justice and Behaviour*, vol. 11, n° 2, p. 139-156.

— (1984b), *The Girls in the Gang : A Report from New York City*, New York, Basil Blackwell.

— (1990), « Female participation in gang », dans Ronald C. Huff [dir.], *Gangs in America*, Newbury Park (California), Sage, p. 168-181.

CHESNEY-LIND, Meda (1989), « Girls' crime and woman's place : Toward a feminist model of female delinquency », *Crime & Delinquency*, vol. 35, n° 1, p. 5-29.

— (1993), « Girls, gangs, and violence : Reinventing the liberated female crook », *Humanity and Society*, vol. 17, p. 321-344.

CHESNEY-LIND, Meda, et John M. HAGEDORN [dir.] (1999), *Female Gangs in America : Essays on Girls, Gangs and Gender*, Chicago, Lake View Press.

CHESNEY-LIND, Meda, et Randall G. SHELDEN (2004), *Girls Delinquency and Juvenile Justice*, Canada, Thomson Learning/ Wadsworth.

CHESNEY-LIND, Meda, Randall G. SHELDEN et Karen A. JOE (1990), « Girls delinquency and gang membership », dans Ronald C. Huff [dir.], *Gangs in America*, Newbury Park (California), Sage, p. 185-203.

Comité montréalais sur la prostitution de rue et la prostitution juvénile (1999), *Rapport du Comité montréalais sur la prostitution de rue et la prostitution juvénile*, Montréal, Ville de Montréal.

Conseil du statut de la femme (2002), *La prostitution : profession ou exploitation ? Une réflexion à poursuivre*, Québec, Conseil du statut de la femme.

Conseil permanent de la jeunesse (2004), *Vu de la rue. Les jeunes adultes prostitué(e)s*, Québec, Conseil permanent de la jeunesse.

CÔTÉ, Michelle (2004), « Portrait de l'exploitation sexuelle des enfants à des fins commerciales. L'initiative du service de police de la ville de Montréal », *Police de Montréal, Rapport corporatif*, mars.

COUSINEAU, Marie-Marthe (2004), « Gangs : un tour du Québec pour faire le pont... Un forum pour en parler ! », *Continuum JC*, vol. 3, n° 1, mai.

CURRY, David G. (1998), « Female gang involvement », *Journal of Research in Crime and Delinquency*, vol. 35, n° 1, p. 100-118.

CURRY, David G., Richard A. BALL et Robert J. FOX (1994), *Gang Crime and Law Enforcement Recordkeeping*, Washington, National Institute of Justice Research in Brief.

CUSSON, Maurice (1981), *Délinquants pourquoi ?*, Montréal et Paris, Hurtubise HMH et Armand Colin.

— (2005), *La délinquance, une vie choisie*, Montréal, Hurtubise HMH.

DAMIANI, Carole (1997), *Les victimes*, Paris, Bayard.

DESCHENES, Elizabeth Piper, et Finn-Aage ESBENSEN (1999), « Violence and gangs : Gender differences in perceptions and behavior », *Journal of Quantitative Criminology*, vol. 15, n° 1, p. 63-96.

DODSWORTH, Jane (2000), *Child Sexual Exploitation and Child Prostitution*, Norwich, University of East Anglia, School of Social Work.

DORAIS, Michel, avec une collaboration de Denis Ménard (1987), *Les enfants de la prostitution*, Montréal, VLB éditeur.

— (2003), *Travailleurs du sexe*, Montréal, VLB éditeur.

— (2004), *La mémoire du désir*, Montréal, Typo.

DUFOUR, Rose (2005), *Je vous salue…*, Sainte-Foy, Éditions Multi-Mondes.

DUROCHER, Lise, et Évelyne FLEURY (2002), « La prostitution juvénile, quoi de neuf ? », *Défi Jeunesse*, vol. 9, n° 1, novembre.

ESBENSEN, Finn-Aage, Elizabeth Piper DESCHENES et Thomas L. Jr. WINFREE (1999), « Differences between gang girls and gang boys : Results from a multisite survey », *Youth and Society*, vol. 31, n° 1, p. 27-53.

FAGAN, Jeffrey (1990), « Social processes of delinquency and drug use among urban gangs », dans Ronald C. Huff [dir.], *Gangs in America*, Newbury Park (California), Sage, p. 183-219.

FARLEY, Melissa (1998), « Prostitution in five countries : Violence and post-traumatic stress disorder », *Feminism and Psychology*, vol. 8.

FINKELHOR, David, et Richard ORMROD (2004), « Prostitution juvénile. Les constatations du NIBRS », Gendarmerie royale du Canada, *Gazette*, vol. 66, n° 3.

FLEURY, Élisabeth (2004), « La prostitution juvénile deux ans après. La prévention dans les écoles, un incontournable », *Le Soleil*, 12 décembre, p. A4.

FLEURY, Évelyne (2004), « La prostitution juvénile par les gangs. Quand séduction rime avec exploitation », *Continuum JC*, vol. 3, n° 1, mai, p. 8.

FLEURY, Évelyne, et Chantal FREDETTE (2002), *Le silence de Cendrillon. Prostitution juvénile par les gangs. Guide d'animation et d'accompagnement de la bande dessinée*, Centre jeunesse de Montréal - Institut universitaire, Agence de développement de réseaux locaux de services de santé et de services sociaux.

— (2003), « Membres de gangs cherchent jeunes filles pour exercer le plus vieux métier du monde », *Continuum JC*, vol. 2, n° 19, 28 juillet, p. 3-4.

FOURNIER, Michèle, Marie-Marthe COUSINEAU et Sylvie HAMEL (2004), « La victimisation. Un aspect marquant de l'expérience des jeunes filles dans les gangs », *Criminologie*, vol. 37, n° 1.

GENDRON, Sylvie, et Catherine HANKINS (1995), *Prostitution et VIH au Québec. Bilan des connaissances*, Montréal, Direction de la santé publique de Montréal-Centre.

GOLDSTEIN, Arnold P., et Ronald C. HUFF (eds.) (1993), *The Gang Intervention Handbook*, Champaign (Illinois), Research Press.

Gouvernement du Canada (1984), Comité sur les infractions sexuelles à l'égard des enfants et des jeunes (sous la direction de Robin F. Badgley), *Rapport du Comité sur les infractions sexuelles à l'égard des enfants et des jeunes*, Ottawa, ministère des Approvisionnements et Services Canada.

— (1985), Comité spécial d'étude de la pornographie et de la prostitution (sous la direction de Paul Fraser), *La pornographie et la prostitution au Canada*, Ottawa, Gouvernement du Canada.

— (1998), ministère de la Justice, *Rapport et recommandations relatives à la législation, aux politiques et aux pratiques concernant les activités liées à la prostitution*, <www.justice.gc.ca/fr/news/nr/1998/exec.html>.

Gouvernement du Québec (2003), *Actes du colloque Création d'un réseau québécois d'échanges: Les jeunes et les gangs de rue, faut plus qu'en parler!*, 13 et 14 février, <www.msp.gouv.qc.ca/prevention/prevent/progfina/produits/actes_colloque_fev03.pdf>.

GRÉGOIRE, Céline (1998), « Les gangs de rue. Mythe ou réalité? », *Défi jeunesse*, vol. 5, n° 1, p. 18-22.

— (2001), *Lorsque les jeunes filles affiliées aux gangs racontent leur expérience. Ce qu'elles en disent*, mémoire de maîtrise, Montréal, Université de Montréal.

HAMEL, Sylvie, Chantal FREDETTE, Marie-France BLAIS et Jocelyne BERTOT (1998), *Jeunesse et gangs de rue. Phase II: Résultats de recherche-terrain et proposition d'un plan stratégique quinquennal*, Montréal, Service de police de la Communauté urbaine de Montréal.

HAMEL, Sylvie, Chantal FREDETTE, Marie-France BLAIS, Jacques HÉBERT, Ginette J. SAVOIE et Jocelyne BERTOT (1998), « Jeunesse et gangs de rue: principaux constats venant de la recension des écrits et de la recherche-terrain », *Défi jeunesse*, vol. 5, n° 2, p. 3-12.

HAMEL, Sylvie, et René-André BRISEBOIS (2005), « Ma gang c'est ma famille… une expression à ne pas prendre à la légère », *Défi jeunesse*, vol. 11, n° 2, mars.

HANSON, Kitty (1964), *Rebels in the Street: The Story of New York's Girl gangs*, Englewood Cliffs (New Jersey), Prentice Hall.

HÉBERT, Jacques, Sylvie HAMEL et Ginette J. SAVOIE (1997), *Plan stratégique « Jeunesse et gangs de rue ». Phase I: Revue de littérature*, Montréal, Institut de recherche pour le développement social des jeunes (IRDS), rapport présenté au Service de police de la Communauté urbaine de Montréal.

HOROWITZ, Ruth (1990), « Sociological perspective on gang: Conflicting definition and concept », dans Ronald C. Huff [dir.], *Gangs in America*, Newbury Park (California), Sage, p. 38-50.

JANKOWSKI, Martín Sánchez (1991), *Islands in the Street: Gangs and American Urban Society*, Berkeley, University of California Press.
— (1994), « Les gangs et la presse. La production d'un mythe national », *Actes de la recherche en sciences sociales*, p. 110-117.
JOE, Karen, et Meda CHESNEY-LIND (1995), « Just every mother's angel: An analysis of gender and ethnic variations in youth gang membership », *Gender and Society*, vol. 9, n° 4, p. 408-431.
KLEIN, Malcolm W. (1995), *The American Street Gang. It's Nature, Prevalence and Control*, New York, Oxford University Press.
KNOX, George W. (2004), « Females and gangs: Sexual violence, prostitution, and exploitation », *Journal of Gang Research*, vol. 11, n° 3, p. 1-15.
LANCTÔT, Nadine, et Marc LEBLANC (1996), « La participation des garçons à une bande marginale. Un phénomène de sélection et d'opportunités », *Revue canadienne de criminologie*, p. 375-398.
— (1997), « Les adolescentes membres des bandes marginales. Un potentiel antisocial atténué par la dynamique de la bande ? », *Criminologie*, vol. 30, n° 1, p. 111-130.
LANE, Erin C. (2003), « Correlates of female juvenile delinquency », *The International Journal of Sociology and Social Policy*, vol. 23, n° 11, p. 1-14.
LEGARDINIER, Claudine, et Saïd BOUAMAMA (2006), *Les clients de la prostitution*, Paris, Presses de la Renaissance.
LOWMAN, John (1987), « Taking young prostitutes seriously », *Canadian Review of Sociology and Anthropology*, vol. 24, n° 1, p. 99-116.
LUCCHINI, Riccardo (1996), « Femme et déviance ou le débat sur la spécificité de la délinquance féminine », <www.unifr.ch/socsem/Fichiers%20PDF/Femme%20&%20deviance.pdf>.
MANSSON, Sven-Axel (1986), *L'homme dans le commerce du sexe*, étude réalisée pour l'Unesco, publiée dans *La prostitution aujourd'hui*, actes de la 3ᵉ Université d'automne intitulée « Au marché du sexe, le client, qui es-tu ? », *Mouvement Le Cri*, novembre 1993.
MARTINEAU, Pierre (2005), *Perverse cité*, Montréal, Les Intouchables.
MATHEWS, Frederick (1993), *Les bandes de jeunes vues par leurs membres*, Ottawa, Division de la politique et de la recherche en matière de police, Solliciteur général du Canada.
MILLER, Jody (1998), « Gender and victimisation risk among young woman in gang », *Journal of Research in Crime and Deliquency*, vol. 35, n° 4, p. 429-453.
— (2001), *One of the Guys: Girls, Gangs, and Gender*, New York, Oxford University Press.

MILLER, Walter B. (1975), *Violence by Youth Gangs and Youth Groups as a Crime Problem in Major American Cities*, Washington, DC, Government Printing Office.

MOÏSE, Jacques (2002), *Adolescence, initiation et prostitution*, Montréal, Éditions du Mistral.

MOLIDOR, Christian E. (1996), « Female gang members : A profile of aggression and victimization », *Social Work*, vol. 41, n° 3, p. 254-257.

MONTI, Daniel J. (1993), « Origins and problems of gang research », dans Scott Cumming et Daniel J. Monti [dir.], *Gangs : The Origins and Impact of Contemporary Youth Gangs in the United States*, Albany, State University of New York Press, p. 3-25.

MOORE, Joan W. (1991), *Going Down to the Barrio : Homeboys and Homegirls in Change*, Philadelphia, Temple University Press.

MOORE, Joan W., et John M. HAGEDORN (2001), « Female gangs : A focus on research », <www.ncjrs.org/html/ojjdp/jjbul2001_3_3/contents.html#acknowledge>.

NADON, Suzanne M., Catherine KOVEROLA et Eduard H. SCHLUDERMANN (1998), « Antecedents to prostitution : Childhood victimization », *Journal of Interpersonal Violence*, vol. 13, n° 2, p. 206-221.

NERON, Claude (2004), « Les gangs de rue à l'avant-plan. Une priorité d'action à tous les niveaux », *Continuum JC*, vol. 3, n° 1, mai.

NIXON, Kendra, Leslie TUTTY, Pamela DOWN, Kelly GORKOFF et Jane URSEL (2002), « The everyday occurrence : Violence in the lives of girls exploited through prostitution », *Violence Against Women*, vol. 8, n° 9, p. 1016-1043.

PALMER, Craig T., et Christopher F. TILLEY (1995), « Sexual access to females as a motivation for joining gangs : An evolutionary approach », *The Journal of Sex Research*, vol. 32, n° 3, p. 213-217.

PARENT, Colette, et Christine BRUCKERT (à paraître), « Le travail du sexe dans les établissements de services érotiques. Une forme de travail marginalisé », *Déviance et société*.

PERREAULT, Marc (2005), « Les gangs de rue : un passage risqué. Quelques pistes de réflexion pour comprendre la violence dans les milieux marginaux des jeunes Québécois d'origine afro-antillaise », dans Denis Jeffrey, David Le Breton et Joseph Josy Lévy [dir.], *Jeunesse à risque. Rite et passage*, Sainte-Foy, Presses de l'Université Laval, p. 57-68.

PERREAULT, Marc, et Gilles BIBEAU (2003), *La gang : une chimère à apprivoiser. Marginalité et transnationalité chez les jeunes Québécois d'origine afro-antillaise*, Montréal, Boréal.

Peterson, Dana, Jody Miller et Finn-Aage Esbensen (2001), « The impact of sex composition on gangs and gang member delinquency », *Criminology*, vol. 39, p. 411-439.

Projet d'intervention auprès des mineur(e)s prostitué(e)s (PIAMP) (1992), *Une génération sans nom (ni oui)*, actes du colloque, Montréal, PIAMP, 22-26 avril.

Projet intervention prostitution Québec (2004), *Les conséquences de la prostitution*, 3 décembre, <www.cendrillon.ca/cendrillon_francais.htm>.

Schalet, Amy, Geoffrey Hunt et Karen Joe-Laidler (2003), « The articulation and meaning of sexuality among the girls in the gang », *Journal of Contemporary Ethnography*, vol. 32, n° 1, p. 108-143.

Service canadien des renseignements criminels (2003 et 2004), *Rapport annuel sur le crime organisé au Canada*, Ottawa, Service canadien des renseignements criminels.

Shaver, Frances M. (1996), « Prostitution : On the dark side of the industry », dans Thomas O'Reilly-Fleming, *Post-Critical Criminology*, Scarborough (Ontario), Prentice-Hall Canada, p. 42-55.

— (2005), « Sex work research : Methodological and ethical challenges », *Journal of Interpersonal Violence*, vol. 20, n° 10, p. 1-24.

Shelden, Randall G., Sharon K. Tracy et William B. Brown (1996), « Girls and gangs : A review of recent research », *Juvenile and Family Court Journal*, vol. 47, n° 1, p. 21-39.

Sikes, Gini (1997), *Eight Ball Chicks : A Year in the Violent World of Girl Gangsters*, New York, Anchor Books.

Spergel, Irving A. (1995), *The Youth Gang Problem : A Community Approach*, New York, Oxford University Press.

Symons, Gladys L. (1999), « Racialization of the street gang issue in Montréal : A police perspective », *Études ethniques au Canada*, vol. 31, n° 1, p. 124-138.

Taylor, Carl S. (1993), *Girls, Gangs, Women and Drugs*, East Lansing, Michigan State University Press.

Tichit, Laurence (2003), « Gangs juvéniles et construits ethniques dans le contexte américain », *Criminologie*, vol. 36, n° 2, p. 58-68.

Trasher, Frederic M. ([1927]/1963), *The Gang : A Study of 1,313 Gangs in Chicago*, Chicago, University of Chicago Press.

Unger, Jennifer B., Thomas R. Simon, Traci L. Newman, Susanne B. Montgomery, Michele D. Kipke et Michael Albornoz (1998), « Early adolescent street youth : An overlooked population with unique problems and service needs », *Journal of Early Adolescence*, vol. 18, n° 4, p. 325-348.

Unicef (2001), *À qui profite le crime ? Enquête sur l'exploitation sexuelle de nos enfants*, New York, Unicef.

VIGIL, James Diego (1990), « Cholos and Gangs : Culture change and street youth in Los Angeles », dans Ronald C. Huff [dir.], *Gangs in America*, Newbury Park (California), Sage, p. 116-128.

Ville de Québec (2005), *Rapport du service de police sur les gangs de rue et la prostitution juvénile. La sécurité de nos jeunes : une priorité constante*, 7 mars, <www.ville-quebec.qc.ca/fr/information/communique/protection_publique/2562.shtml>.

WINFREE, Thomas L., Kathy FULLER, Teresa VIGIL et Larry G. MAYS (1992), « The definition and measurement of gang status : Policy implications for juvenile justice », *Juvenile and Family Court Journal*, vol. 43, n° 3, p. 29-37.

Table

Introduction
7

Qu'est-ce qu'un gang de rue ?
Comment c'est organisé ?
11

Quelles sont les motivations des garçons
qui se joignent à un gang de rue ?
17

Comment devient-on membre d'un gang de rue ?
Quelle place y occupent les filles ?
23

Comment les gangs de rue recrutent-ils
des adolescentes pour la prostitution ?
28

Quels sont les profils types
des adolescentes prostituées par les gangs ?
39

Dans quel type de prostitution opèrent les gangs de rue ?
48

Qui sont les clients de la prostitution juvénile ?
Pourquoi recherchent-ils des jeunes filles mineures ?
54

Pourquoi est-il difficile de démanteler
les réseaux de prostitution juvénile ?
63

Quels sont les rapports des gangs de rue
avec le crime organisé ?
65

Pourquoi les jeunes filles ont-elles de la difficulté
à témoigner contre leurs proxénètes et leurs clients ?
69

Quelles sont les séquelles que peuvent subir
les adolescentes prostituées par des gangs de rue ?
75

Comment peut-on aider ces jeunes filles
et contrer la prostitution juvénile ?
81

Conclusion
93

Annexe
La prostitution juvénile,
le Code criminel canadien et la justice
97

Notes
103

Bibliographie
107

Autres ouvrages parus
dans la même collection

Boily, Pierre-Yves, *Psys, thérapeutes et autres sorciers*
Boily, Pierre-Yves, *L'urgence de la tendresse*
Chabot, Marc, *En finir avec soi. Les voix du suicide*
Chabot, Marc et Sylvie Chaput, *À nous deux! Hommes et femmes: la fin du combat?*
Chamalidis, Makis, *Splendeurs et misères des champions. L'identité masculine dans le sport de haut niveau*
Demczuk, Irène et Frank W. Remiggi (dir.), *Sortir de l'ombre. Histoires des communautés lesbienne et gaie de Montréal*
Dorais, Michel, *Ça arrive aussi aux garçons. L'abus sexuel au masculin*
Dorais, Michel, *Éloge de la diversité sexuelle*
Dorais, Michel (avec une collaboration de Denis Ménard), *Les enfants de la prostitution*
Dorais, Michel, *L'homme désemparé. Les crises masculines: les comprendre pour s'en déprendre*
Dorais, Michel, *Les lendemains de la révolution sexuelle*
Dorais, Michel, *La mémoire du désir. Du traumatisme au fantasme*
Dorais, Michel, *Mort ou fif. La face cachée du suicide chez les garçons*
Dorais, Michel et Éric Verdier, *Sains et saufs*
Dorais, Michel, *Tous les hommes le font. Parcours de la sexualité masculine*
Dorais, Michel, *Travailleurs du sexe*
Dulac, Germain, *Aider les hommes... aussi*
Émond, Ariane, *Les ponts d'Ariane*
Geadah, Yolande, *Femmes voilées, intégrismes démasqués*
Geadah, Yolande, *La prostitution, un métier comme un autre?*
Pruneau, Michel, *Plaisirs et défis du lien amoureux*
Séguin, Christian André, *Une enfance trahie. Sans famille, battu, violé*
Welzer-Lang, Daniel, *Arrête! Tu me fais mal! La violence domestique, 60 questions, 59 réponses...*

Welzer-Lang, Daniel et Jean-Paul Filiod, *Les hommes à la conquête de l'espace... domestique. Du propre et du rangé*

Welzer-Lang, Daniel, Pierre Dutey et Michel Dorais (dir.), *La peur de l'autre en soi. Du sexisme à l'homophobie*

CET OUVRAGE
COMPOSÉ EN PALATINO CORPS 11 POINTS SUR 13
A ÉTÉ ACHEVÉ D'IMPRIMER
LE DIX AOÛT DEUX MILLE SIX
SUR LES PRESSES DE TRANSCONTINENTAL
POUR LE COMPTE DE VLB ÉDITEUR.

IMPRIMÉ AU QUÉBEC (CANADA)